참된 예배자
TRUE WORSHIPERS

TRUE WORSHIPERS : Seeking What Matters to God
Copyright ⓒ 2015 by Bob Kauflin
Published by Crossway
a publishing ministry of Good News Publishers
Wheaton, Illinois 60187, U. S. A.

This edition published by arrangement
with Crossway through rMaeng2, Seoul, Republic of Korea.
All right reserved.

이 한국어판의 저작권은 알맹2 에이전시를 통하여 Crossway와 독점 계약한 서울말씀사에 있습니다.
저작권법에 의해 한국 내에서 보호를 받는 저작물이므로 무단전재와 무단복제를 금합니다.

참된 예배자

초판 1쇄 인쇄 2018년 6월 15일
초판 1쇄 발행 2018년 6월 20일

지 은 이　밥 코플린(Bob Kauflin)
옮 긴 이　김성중

편집주간　김상길
기획편집　조준익, 장인숙
마 케 팅　감철안, 김대훈
영업지원　이동주
경영지원　김정희

펴 낸 곳　더드림
출판등록　제2016-000172호
주　　소　서울시 영등포구 은행로 55, 나동 9층
전　　화　02) 846-9222
팩　　스　02) 846-9225
발 행 처　서울말씀사

ISBN 978-89-8434-740-3 03230

더드림(THE DREAM)은 "누구든지 너로 억지로 오 리를 가게 하거든 그 사람과 십 리를 동행하라"(마 5:41)는 예수님의 말씀을 실천하기 위해 이 세상에 더 많은 꿈과 믿음을 드리려는 서울말씀사의 비전이 담긴 도서브랜드입니다.

더드림 페이스북 https://www.facebook.com/thevisoin

스터디가이드 수록

TRUE WORSHIPERS

참된 예배자

밥 코플린(Bob kauflin) 지음
김성중 옮김

더드림

추천사

"이 탁월한 책은 당신에게 정보와 교훈과 영감을 줄 것이다. 저자는 우리가 드리는 찬송의 유익함과 우리가 느끼는 환희의 근거를 깨닫게 해 줄 것이다. 그는 예배에 불건전한 태도로 접근하는 것을 절대 허용치 않겠다는 믿음직한 도베르만처럼 신학적 경계를 분명하게 지키고 있다. 여기서 '지킨다'는 뜻은 돌봄으로 가득 차 있다는 말이다. 이 책을 읽어가는 동안 당신은 성령의 속삭임을 듣게 될 것이다. 성령은 당신의 보다 큰 유익과 하나님의 영광을 위해 인도하시고, 일깨우시며, 재조정하시고, 놀라게 하실 준비가 되어있으시다."

매트 레드맨 레코딩 아티스트, 작곡가, 워십 리더, 영국 브라이튼

"이 책은 수년간의 경험, 기도, 연구 및 깨달음을 제공한다. 예배에 대한 보다 깊이 있는 이해를 증진시키는 데 열의가 있는 사람에게 이 책은 꼭 필요할 것이며, 읽는 이마다 도전을 받게 될 것이다."

팀 휴즈 싱어송라이터, Worship Central 디렉터

"〈참된 예배자 True Worshiper〉는 하나님을 예배한다는 것이 무엇인지 이해하는 데 유용한 책이다. 예배는 우리의 성소와 무대를 넘어 언제나 하나님과 함께 시작된다. 또한 우리의 마음과 더불어 시작된다. 밥 코플린이 자신의 경험을 나누면서 보여준 정직함과 겸손함에 감사한다. 이 책은 예배를 인도하고자 하는 사람들, 또 하나님과의 깊은 관계를 구하는 사람들에게 내가 가장 먼저 추천하는 책이 될 것이다."

로렌 챈들러
작가, 작곡가, 워십 리더, 빌리지 교회(The Village Church), 텍사스 주 플라우어 마운드

"밥 코플린은 천국에서 영원히 해야 할 일, 즉 성령과 보좌 위에 앉으신 참 하나님을 경배하고 어린 양의 노래를 찬송하는 일을 지금 여기서 우리가 준비하도록 도와준다. 그 어떤 것도 예배를 위한 최종 연습보다 더 중요하지는 않다."

낸시 레이 데모스 작가, Revive Our Hearts 라디오 진행자

"밥 코플린은 예배에 관한 성숙하고, 성경적이며, 균형 잡힌 이해를 제공한다. 그는 무엇보다 우리의 중심, 즉 방법과 전통에 관한 논쟁 속에서 자주 상실되는 하나님과의 관계의 깊이와 진정성에 관심을 둔다. 나는 이 책을 통해 큰 은혜를 받았으며, 밥은 내가 드리는 예배의 질에 대해 도전을 주었다."

존 M. 프레임
Reformed Theological Seminary J. D. Trimble 조직신학 및 철학 교수, 플로리다 주 올란도

"밥 코플린은 수년간 목회를 해오면서 보아왔던 회중과 관련된 수많은 기독교적 논쟁들에 대해 단순함과 명료함으로 맞선다. 밥은 예배에 관한 착각들에 맞서 모든 것을 성경에 근거하여, 그리고 다른 저자들의 유익한 통찰력을 빌어 접근한다. 이 심대한 주제에 관한 해답을 구하는 모든 성도들의 손에 이 책을 들려주려 한다."

데이비드 페터슨
Oak Hill College 전임 총장, Moore Theological College 신약성경 선임 연구원 및 강사

"우리는 여기에서 '예배'를 바르게 수정하려는 사람과 함께 모든 종류의 창작물과 집회와 목회에 대해 간단히 정의내릴 수 있다. 동시에 명백하고 실제적이며, 고무적이고, 철저히 성경적인 이 책은 하나님의 진정한 예배자가 무엇인지 핵심으로 돌아가게 한다. 전폭적으로 추천한다."

스튜어트 타운앤드 기독교 작곡가

"〈참된 예배자〉를 통한 밥 코플린의 인도에 대해 진심으로 감사한다. 밥은 예배에 관한 이야기에서 무엇이 문제인지를 이해하고 있는 목회자로서 이 글을 썼다. 그는 예배를 모든 인생들이 모이는 보다 큰 교회로 인식하고 그것을 우리의 실천과 연결지었다. 〈참된 예배자〉는 예배자로서의 실천과 하나님과의 친분에 깊이를 더하려는 모든 그리스도인을 위한 책이다."

마이크 코스퍼 켄터키 주 루이스 빌 소재 Sojourn Community Church 예배와 예술 목사

"우리의 삶에서 예배보다 더 중요한 자리를 차지하고 있거나 심각하게 잘못 이해되고 있는 부분이 있다. 이것은 슬프지만 사실이다. 저자의 또 다른 책 〈워십 매터스 Worship Matters〉에서 예배 인도자들에게 말했던 것처럼 이 책은 예배 인도자뿐만 아니라 모든 예배자들에게 예배에 있어서 참으로 중요한 것이 무엇인지를 알도록 한다. 목회자로서 감사한 것은 이 책이 교회에서 참된 예배를 장려할 것이기 때문이다. 또한 그리스도인으로서 구세주를 찬양하고 섬기는 일에 나의 삶을 기쁨으로 헌신하도록 도전을 주었기에 감사하다. 또 지난 40여 년 동안 밥의 친구로서 그가 이 책에 쓰인 그대로의 훌륭한 본보기라고 말할 수 있어 감사하다."

C. J. 매허니 켄터키 주 루이스 빌 소재 Sovereign Grace Church 담임 목사

"훌륭하고, 솔직하며, 꼭 필요한 책이다. 예배는 종종 교회의 담벼락 안에 갇혀 있었다. 〈참된 예배자〉에서 밥 코플린은 예배가 주일날 틀에 박힌 일상이 아니라 매일 매일의 생활양식임을 상기시킨다."

루이 기글리오 조지아 주 애틀랜타 소재 Passion City Church 목사, the Passion Movement 설립자

"밥 코플린은 복음을 쓰고, 노래하며, 살아가는 일에 대해 진실한 모든 사람을 격려하는 데 있어 언제나 솔선하는 좋은 친구다. 그가 쓴 이 책을 반드시 읽어 보기 바란다."

케이쓰와 크리스틴 게티 찬송 작곡가, 레코딩 아티스트

- 나의 자녀들,
메간, 조단, 디본, 첼시, 브리타니, 그리고 맥캔지에게 -
"내 삶의 가장 큰 기쁨 중 하나는
너희들 모두가 참된 예배자가 되어가는 것을 바라보는 일이다."

"의인의 아비는 크게 즐거울 것이요
지혜로운 자식을 낳은 자는 그로 말미암아 즐거울 것이니라"

잠 23:24

TRUE
WORSHIPERS

차례

추천사 … 4
서문 … 14
감사의 글 … 19

01 어떤 예배자인가? … 25
02 은혜로 담대하게 예배함 … 40
03 자신은 낮추고, 그분은 높임 … 64
04 모여 예배함 … 90
05 다른 이들을 세우는 예배 … 109
06 예배의 찬양 … 125
07 더욱 찬양 … 149
08 하나님의 임재 … 167
09 새하늘과 새땅에서의 예배 … 191

스터디 가이드 … 211
주 … 257
색인 … 262

서문

벌써 10년도 훌쩍 지난 일이지만, 내가 밥 코플린을 처음 만난 것은 영국의 바닷가, 어느 휴양지 리조트에서였다. 새로운 예배 인도자를 만나기 위한 최적의 조건인 것처럼 들리겠지만 당신이 기대하는 해변의 날씨와는 조금도 닮지 않은 곳이었다. 바닷바람은 성난 듯이 울부짖었고, 영국의 비는 우리를 조롱하는 것 같았다. 그나마 다행스러운 것은 우리들 중 누구도 거기에 휴양을 하러 간 것이 아니었다는 점이다. 우리는 수천 명의 예배 인도자와 팀들이 모이는 집회에 참석 중이었다. 이 집회는 감동적이었고, 깊이가 있었다.

밥을 만나면서 가장 감명을 받았던 것은 진리를 추구하고자 하는 그의 모습이었다. 그래서 〈참된 예배자〉라는 책 제목이 내게는 그리 새삼스럽지 않다. 처음 만났을 때 밥은 우리가 드리는 예배 찬송 안에 담긴 성경적 진리의 중요성과 하나님에 대한 경배로 가득 차 있었다. 그리고 그가 노래로 진하는 말씀인 찬송이 얼마나 필요한 것인지를 이야기했던 것으로 기억한다. 밥은 줄곧 다양한 방식으로 나타났던 우리의 예배가 성경적으로 통찰되고, 신학적으로 올바른 표현들이기를 열망했다.

내 기억으로는 또 다른 집회에서 우리가 우연히 함께하게 되었고, 강사의 연설 후에는 질의응답 시간이 이어졌다. 밥의 손이 계속 올라갔고, 그는 시간이 갈수록 우리가 토론하던 신학적 주제와 관련된 열정적이고, 의미심장한 설명이나 질문을 했었다. 그날을 돌이켜보면, 밥은 마치 신학적 도베르만(독일산 맹견)과 목회적 래브라도(캐나다산 사냥개)를 합쳐놓은 것 같았다. 그는 부단히 성경적 계시와 진리의 수호를 추구하면서도 풍성한 은혜와 사랑으로 그 일을 행하였다.

밥은 정확히 똑같은 일을 이 탁월한 책의 페이지들 속에서 해냈다. 그는 무엇이 예배이고, 무엇이 예배가 아닌지를 분명히 했다. 매 장마다 그의 겸손과 배려가 가득하다. 만일 당신에게 예배에 관한 주제가 처음이라면 여기서 당신의 배움을 증진시켜줄 환상적인 토대를 마련하게 될 것이다. 만약 잠시라도 이 주제에 관심을 갖고 있었다면 시의적절한 깨우침과 예부터 전승된 영광스런 진리에 대한 통찰력을 얻게 될 것이다. 모든 내용이 유용하고 사려 깊게 펼쳐져 있다.

예배는 인생의 궁극적 주제 가운데 하나지만 과연 예배가 인간의 존재 중심에서 일어나는지, 그렇지 않은지는 한 번도 문제시되지 않았다. 하지만 이는 예배가 적절한 방향으로 나아가고 있는지, 올바른 위치에 바로 세워져 있는지의 문제보다 더 중요하다. 지구상의 모든 사람이 욕망과 헌신의 삶 속에서 자신을 희생적으로 소진시키는 일종의 사치스런 예배자가 될 것임은 자명하다. 그러나 그들의 예배가 올바른 길로 나아가리라고 보장된 것은 결코 아니다. 사람들은 '모 아니면 도'의 방식으로 예배를 드린다. 하지만 하나님은 언제나 우리가 하나님에게로 돌아오기 바라신다. 또 우리가 마땅히 하나님을 닮아가며 하나님의 형상을 드러내는 사람이 되라고 부르신다. 하나님만이 우리의 경배를 받으실 유일한 분이시다. C. S. 루이스가 말한 것처럼, 우상들은 그것을 숭배하는 자들의 마음을 반드시 망가뜨릴 것이다. 그러나 우리가 예수를 예배한다면 그와 완전히 반대되는 현상이 일어난다. 충만함과 만족함이 있는 우리 자신을 발견하게 될 것이다.

예배에 관한 주제를 다룰 때 가장 새롭게 재조명해야 할 성경 내용은 요한계시록 4장과 5장이다. 여기서 우리는 만물이 마땅히 본래 그러해야 했던 대로 세워진 모습을 보게 된다. 그 중심에는 하나님의 보좌가 있으며, 헤럴드 베스트가 묘사했듯이 다른 모든 것들은 그 주변에 도열해 있다. 보좌를 둘러싼 무지개가 보이고, 맞은편에는 수많은 천사들이 그와 동일하게 예수의 보좌를 에워싸고 있다. 이는 천국에서처럼 이 땅 위에서 우리가 어떤 삶을 지향해야 하는지를 보여주는 그림이다. 우리는 스스로 하나님의 보좌로 나아가야 함이 마땅하고 우리의 삶을 정돈함으로써 예수가 절대적으로 중심에 있음을 확인해야 한다.

어떤 이들은 이 책을 읽는 가운데 그리스도가 자신의 삶의 중심으로부터 조금은 벗어난 자리에 계시다는 것을 깨닫게 될 것이다. 그들은 아마도 하나님이 아닌 사람이나 다른 요소들이 자신의 중심을 차지하고 있었다는 것을 깨닫게 될 것이다. 예수와 그의 보좌를 다시 그들의 중심에 모시기 위해 삶의 우선순위를 재배치해야 할 필요가 있음을 알게 될 것이다. 또 어떤 이들은 하나님이 그들에게 맡기신 예배음악 사역에 대해 재고해 보게 될 것이다. 아마도 그들이 비본질적인 것에 지나치게 끌려다니고 있었다면 이에 대한 재조정이 필요할 것이고, 그리함으로써 예배에 대해 새로운 마음가짐을 갖게 될 것이다.

이 책을 읽어가는 동안 성령의 속삭임을 받아들이게 될 것이다. 성령은 당신의 보다 큰 유익과 하나님의 영광을 위해 당신을 인도하시고, 일깨우시며, 재조정하시고, 당신을 놀라게 할 준비가 되어 있으시다.

이 탁월한 책은 당신에게 새로운 것을 알게 할 것이며 교훈과 영감을 줄 것이다. 우리가 예배 가운데서 느끼는 환희의 근거와 우리가 드리는 찬송의 유익함의 실체를 깨닫게 해줄 것이다. 궁극적으로는 우리가 노래하고 말하는 모든 것을 하나님이 중심이 된 예배의 삶으로 풍성하게 입증할 수 있도록 해줄 것이다.

밥은 이 책에서 예배에 불건전한 태도와 접근으로 침입하는 것을 허용하지 않겠다는 도베르만처럼 신학적 경계를 지키고 있다. 그러나 그것을 지키고 있는 동안, 밥의 래브라도적인 면이 한층 더 부각된다. 목회에 있어서 모든 가르침에 관대함, 겸손함, 인내, 그리고 배려가 함께 하고 있다.

오래 전에 밥을 만나 그의 지혜와 경험, 그리고 그리스도를 찬미하려는 그의 열정을 통해 유익함을 얻게 된 것이 무척 기쁘다. 당신도 이 책을 다 읽고 나면 나처럼 느끼게 될 것이라고 확신한다.

- 매트 레드맨

감사의 글

나는 무엇보다 이 글에 직간접으로 영향을 주고, 이 글을 구체화할 수 있게 해 준 수많은 사람들에게 감사드린다.

레인 데니스 : 여전히 내가 좋아하는 출판사인 Crossway에서 별도의 책을 쓸 수 있도록 특전을 준 데 대해 감사드립니다. 당신이 출간하신 책들은 내 인생에 커다란 은혜를 끼쳤습니다.

저스틴 테일러 : 6년간 내가 이 책을 쓸 수 있도록 지원과 격려를 아끼지 않고 자극을 주신 데 대해 감사드립니다. 당신은 친절하고 관대하며, 사려 깊고 초인적인 인내심을 가지셨습니다.

토마스 워멕과 톰 노타로 : 이 책을 위해 훌륭한 편집 능력을 빌려준 데 대해 감사합니다. 토마스, 당신의 현명하고 통찰력 있는 재능의 덕을 본 것은 큰 기쁨이었습니다. 그리고 톰, 당신과 처음으로 함께 작업하게 돼서 즐거웠습니다.

아미 크루이즈, 안지 치트햄, 댄 부시, 대니 리, 맷 툴리, 그리고 Crossway의 여러분들 : 〈참된 예배자〉를 출간할 수 있도록 도움을 주셨으며 무엇보다 복음 중심의, 그리고 신학적으로 풍성하며 그리스도를 찬미하는 책들을 교회에 제공해 오신 데 대해 감사드립니다.

D. A. 카슨, 데이비드 페터슨, 존 파이퍼, 그리고 헤럴드 베스트 : 하나님을 이해하고, 하나님과 관계를 맺으며, 하나님을 바라고, 또 하나님을 영화롭게 하기 위해 어떻게 음악을 사용해야 하는지에 대한 중요성을 바르게 인식하도록 도움이 되는 책들을 저술해 주신 데 대해 감사드립니다.

Sovereign Grace 교회의 직원들 : 보이지 않는 신실한 일꾼들인 당신들은 복음의 진보와 교회를 세우기 위해, 그리고 온 세상의 참된 예배자들을 격려하기 위해 하나님이 사용하시는 존재들입니다.

조셉 스티고라, 매튜 윌리엄스, 월트 알렉산더, 에릭 쉬멀츠, 제이슨 한센, 팀 페인, 존 블룸, 그리고 덕 플랭크 : 그리스도를 찬양하기 위해 교회에서 어떻게 음악을 사용해야 하는지를 알게 해준 Sovereign Grace 교회를 세울 수 있도록 도움을 주신 데 대해 감사합니다.

Sovereign Grace 교회의 동료 목회자들 : 공동체와 그 너머로 복음의 영향을 미치게 될 참된 예배자들을 매주 가르치고, 교육하며, 적재적소에 사용하기 위한 수고를 아끼지 않으신 여러분들의 돌봄에 감사드립니다.

내게 함께할 영광을 준 Boyce College와 Southern Baptist Theological Seminary의 수련생들 : 당신들은 이 책에 많은 영감을 주었습니다. 기분 좋은 대화와 통찰력 있는 비평, 그리고 열정적인 지원에 감사드립니다.

나의 아들들, 존 페인, 맷 매이슨, 조단, 디본과 그 외에 이 책이 만들어지는 과정에서 피드백을 해 준 모든 분들 : 여러분의 생각들은 감히 가치를 매길 수 없으며, 그리하여 다른 때보다 더 좋은 책을 만들 수 있었습니다.

루이스 빌의 Sovereign Grace 교회 목회자들과 성도들 : 구세주의 영광을 위해 당신들 곁에서 사역할 수 있는 것은 하나님의 선물입니다. 겸손하면서도 참된 예배자의 모범과 일치하는 여러분들은 내 영혼을 고무시키고 즐겁게 만듭니다.

나의 딸이자 내 일정을 관리하며, 무한한 창조성을 은사로 지닌 조력자 브리타니 : 너의 삶이 복음의 기쁨을 노래하기에, 나는 가장 행복한 아빠들 중 하나란다.

제프 퍼스웰 : 1997년 우리가 처음으로 함께 섬김을 시작했을 때 당신이 나의 삶에 끼친 영향은 결코 잊을 수 없습니다. 당신이 이 책에 가져다준 신학적 정확성, 문학적 명료함, 그리고 양식적 진보에 감사드립니다. 또 내가 쉽지 않은 질문을 던질 수 있도록 해준 것에 감사드립니다. 무엇보다 당신의 가르침과 우정을 통해 하나님의 말씀을 명심하고, 그에 순종하며 적용할 수 있도록 도움을 주어 감사합니다.

C. J. 매허니 : 나의 첫 작품과 이 책은 당신의 본보기와 가르침, 그리고 우정이 없었다면 존재하지 못했을 것입니다. 당신은 내가 알고 있는 가장 훌륭한 참된 예배자의 모범 중 한 사람입니다. 당신은 겸손히 하나님과 동행하며, 은혜 안에서 기뻐하고, 예수가 당신을 대신하여 죽으신

사실을 끊임없이 경외하며, 성령의 능력 안에서 살아가고 있습니다. 이 책을 위해 나와 더불어 연구하고 더 나은 책이 되도록 여러 방식으로 제안을 준 데 대해 감사드립니다. 당신이 참된 예배자라는 사실이 늘 중요하지만 내가 하나님께 감사한 것은 당신이 또한 참된 목회자이자 진실한 친구라는 것입니다.

나의 자녀들과 그들의 배우자들인 메간과 제임스, 조단과 탈리, 디본과 크리스틴, 첼시와 제이콥, 브리타니와 멕켄지 : 그저 노래로서만이 아닌 삶으로 예수 그리스도에게 영광을 드리고자 하는 너희들의 열망에 감사한다. 너희의 자녀들 역시 참된 예배자로 자라가는 말할 수 없는 축복을 경험할 수 있기를 기도한다.

내가 아는 사람들 중 가장 놀랍고 사랑하는 줄리 : 내가 이 책을 쓰고, 수정하고, 다시 쓸 때마다 지원과 격려를 아끼지 않은 당신에게 감사를 표합니다. 우리가 둘이라기보다 하나임을 알았을 때 내게 늦게까지 머물러 활동해 달라고 말해줘서 감사합니다. 항상 나의 눈과 마음이 신실하신 아버지 하나님과 자비로우신 구세주, 그리고 영존하시는 성령에게로 향하도록 해주어 감사합니다. 지난 1976년에 "예스yes"라고 말해줘서 고마워요. 점점 더 나아질 거예요.

마지막으로 하나님과 구세주 : 이 책을 쓰는 동안 더욱 당신을 알고 더 깊이 당신을 사랑할 수 있어 감사합니다. 내가 쓴 그 어떤 말도 당신에게 마땅히 드려야 할 찬양을 표현하기에는 부족합니다. 당신의 권위는 비할 데 없으며, 당신의 아름다움은 넘어설 수 없고, 당신의 지혜는 측량할 수 없으며, 당신의 선함은 이루 헤아리기 어렵고, 당신의 확고부동한 사랑은 불변하며, 당신의 위대함은 신묘막측합니다.

보좌에 앉으신 하나님과 어린 양을 예배하는 사람들 가운데 속한 나 자신을 발견하는 것이 나의 존재의 가장 위대한 목적이라고 생각한다. 기도하기는 이 책을 읽고서 보다 많은 사람들이 나와 같은 고백을 하게 되기를 소망한다.

01
어떤 예배자인가?

"아버지께 참되게 예배하는 자들은 영과 진리로 예배할 때가 오나니 곧 이때라 아버지께서는 자기에게 이렇게 예배하는 자들을 찾으시느니라" (요 4:23)

1975년이었다. 나의 아내가 될 줄리와 둘이서 버지니아 주에 있는 프론트 로얄Front Royal의 넓은 들판에 서 있었다. 수천 명의 다른 사람들과 함께 첫 야외 '예수 축제Jesus festivals' 중 하나인 피쉬넷Fishnet에 참여하러 온 것이었다. 좀 더 구체적으로 말하면 음악을 경험하기 위해서였다.

개종한 록 밴드들과 싱어송라이터들, 그리고 포크 뮤지션들이 비트를 놓치지 않고 예수를 노래하기 시작했다. 그들의 방식대로 만들어진 노래들이 교회로 들어왔다. 라디오에서 연주되던 노래들과 거의 구별되지 않던 음악을 우리들은 '워십worship'이라고 부르기 시작했다. 전통주의자들은 그것을 의문시했고 두려워했다. 그러나 젊은이들은 그것에 흠뻑 매료되었다.

피쉬넷과 축제들이 워십이라는 해일이 되어 이제 교회 안으로 밀고 들어오는 첫 번째 전조였다. 그에 비해 당시 상대적으로 워십에 대한 논의는 거의 없었다. 불과 몇 해 만에 '워십'이 크게 성행되었다.

예배의 세계

수십 년이 지나자 워십에 관한 주제나 워십 음악만을 전적으로 다루는 책들이나 잡지들 그리고 웹사이트, 블로그 수가 끝없이 증가하였다. 워십은 특별한 것이 아니라 일반적인 것이 되었다. 즉 워십은 사회적인 운동과 현상이 되었으며, 여러 곳에서 산업이 되었다.

그것에 긍정적인 면도 있다는 것을 부인할 수는 없다. 워십에 대한 관심이 고조됨으로써 우리가 보다 성경적이고 포괄적인 방식으로 워십에 대해 숙고하게 되었다.[1] 쏟아져 나오는 새로운 워십 곡들은 가히 놀랄 만하다. 비록 대부분은 금방 잊혀져버렸지만, 일부 곡들은 수세기는 몰라도 수십 년 동안은 존재할 것 같아 보인다. 이로 인해 회중 찬양 곡들이 새로운 활력을 얻게 되었으며, 자신들의 재능을 교회를 위해 사용하겠다는 신세대 음악인들이 늘어났다. 당당하게 예수 그리스도에 대한 열정을 선포하는 노래로 하나님께 예배드리기 위해 젊은이들이 거대한 운동장을 가득 메우고 있다.

하지만 그 모든 것들이 좋은 것만은 아니다. 예배음악의 양식에 대한 가열된 논쟁으로 인해 교회가 분열되었으며 파괴되었다. 공연이나 기술이 참여와 진리보다 가치 있게 평가되는 경우가 종종 있었다. 많은 찬양곡들이 성경을 잘 알지 못하는 음악인들에 의해 만들어졌고, 그 결과 복음과 신학적 명확성이 빈약한 노래들이 생겨났다. 가장 나쁜 것은 예배를 우리가 노래할 때 생기는 보편적인 일로 만들어버린 것이다.

당신이 '워십 현상'을 긍정적으로 생각할지, 부정적으로 생각할지, 혹은 그 중간에 있는지 나는 모르지만 이것만은 확실하다. 즉 관건은 그것이 하나님께 드리는 예배이냐의 문제이다. 이는 필연적이고, 매우 중대한 문제이다. 하나님의 예배는 언제나 핵심 주제가 되어야 한다. 또한 그것은 하나님의 관점에서 논의되어야 한다. 하나님과의 관계와 그리스도인으로서의 삶에서 이보다 더 근본적인 문제는 없다. 그리고 당연하지만 우리 세대가 그런 것에 대해 생각한 첫 세대가 아니다.

존재의 목적

"우리는 하나님을 예배하는 사람들 가운데 한 사람이 되겠다는 위대한 존재의 목적을 생각해야 한다."[2] 이 말이 처음 등장한 것은 450년 전 프랑스 신학자이자 목회자인 장 칼뱅에 의해서였다. 그는 기타 주도의 밴드가 최신의 워십 히트곡을 연주하거나, 합창을 동반한 파이프 오르간 연주를 상상하지 않았다. 심지어 그의 마음속에 음악이 있었다고 생각되지도 않는다. 하지만 그의 말은 당시에 그 말을 직접 들었던 사람들만큼이나 오늘날 우리들에게도 타당한 말씀이다. 그리고 그의 말이 내가 이 책을 쓰게 된 이유를 요약한 것이기도 하다.

우리들 대부분은 '위대한 존재의 목적'에 대해 그리 많은 생각을 하지 않는다. 이 세상의 의무, 위로와 안락, 즐거움, 시련, 유혹들이 매순간 훨씬 더 많이 우리의 마음을 사로잡는다. 영원을 생각하긴 하는가? 우리에겐 시간이 없다.

내세에 대해서 생각할 때면, 우리는 종종 사랑했던 사람과 다시 만나게 되는 일이나, 좋아하는 찬양을 끝없이 노래하는 일, 혹은 살찔 염려없이 원하는 초콜릿을 실컷 먹는다든지, 완벽한 골프 코스에서 맘껏 라운딩을 하는 일 따위를 기대한다. 무신론자들은 우리가 단순히 사라질 것이라고, 그래서 내세엔 그 어떤 위대한 것도 있지 않다고 말한다. 우리는 단지 죽을 뿐이라는 것이다.

그리스도인으로서 나는 칼뱅의 말이 신앙적이냐 그렇지 않느냐의 여부와 상관없이 우리 모두에게 옳다고 믿는다. 그는 모든 사람이 하나님의 예배자들 가운데 속할 것이라고 말하지 않는다. 오히려 그는 그것을 우리의 가장 높은 목표, 우리의 원대한 목표, 즉 존재의 위대한 목적으로 바라보라고 촉구하고 있다. 모든 권세와 부, 재능과 지식, 혹은 당신이 언제나 상상했던 즐거움을 갖는 것보다 영원히 하나님의 예배자가 되는 것이 훨씬 더 낫다.

당신이 지금 이 책을 읽고 있다는 것을 고려하면 적어도 당신 안에 하나님을 예배하는 것이 들어있다고 여겨진다. 어쩌면 당신과 하나님과의 관계가 좀 더 깊이 그분을 알고자 하는 욕망을 불러일으켰을지도 모른다. 하나님에 대한 당신의 사랑이 그분을 더 사랑하도록 만들었을 것이다.

어쩌면 당신은 회중과 함께 노래를 부르고 있는 동안 예기치 않게 감사로 충만해졌을 수도 있다. 아마 당신은 경외감 속에서 말없이 무릎을 꿇고 싶었던 순간에 강하게 하나님의 임재를 느꼈을 것이다. 아니면 어느 날 아침 말씀을 읽다가 예수가 얼마나 놀라우신지, 그리고 당신이 얼마나 피폐하였는지를 깨달았을지도 모른다. 또는 당신이 공부하고, 열심히 일하며, 친구를 돌보는 사이에 당신이 행한 그 일이 당신 자신이 아닌 하나님의 영광을 위해서였음을 깨닫고 기분이 아주 좋아졌을 수도 있다.

나는 이 모든 것을 그리고 그 이상을 경험했다. 내가 그것들을 체험할 때, 적어도 나를 구원하신 하나님께 온통 초점을 맞추었던 그 순간을 감사드린다. 그리고 그 시간에 나는 생각한다. '그래, 존재의 위대한 목적은 하나님의 예배자들 가운데 한 사람이 되는 것이야. 영원히.'

그 당시와 현재의 예배

그러나 그 당시 하나님의 예배자들 가운데 한 사람이 되는 것과 현재 그러한 것 사이에는 많은 차이가 있다. 이 세상에서 무슨 일이든 항상 예배가 되는 것은 아니다. 당신은 '내 경험에 의하면 결코 그럴 수 없다.'고 생각할 것이다.

그렇다. 나는 40년 이상 그리스도인이었고, 하나님의 예배자가 의미하는 바의 높고 낮은 수준을 알고 있다. 또한 누구에게 물어보느냐에 따라 다르긴 하겠지만 예배에 대해 매우 흥미롭다거나, 말할 수 없이 지루하다거나, 약간은 어리둥절하다거나, 기껏해야 아무 관심 없다는 식의 생각들이 있음을 알고 있다. 예배라는 단어는 일부에게는 간절한 기대로 가득 차 있고, 다른 이들에게는 하품을 억지로 참아야 하는 것이 된다.

하지만 예배에 관한 모든 논쟁을 하나님의 편에서 분명하게 정의할 수 있다. 아마도 당신은 이러한 관점의 일부를 확인할 수 있을 것이다.

- 하나님을 예배하는 것이 불가능한 일이 아닌 어려운 일이라면 그것은 당신의 흥미를 끄는 주변 환경, 충족되지 않은 소망, 혹은 계속되는 시련 때문이다. 당신의 그런 경험들은 마치 하나님의 선하심과 모순되는 것처럼 보인다.
- 주일 아침의 예배와 일상생활에서의 예배가 어떤 관계에 있는지 잘 모르겠다.
- 당신은 예배와 결합시킨 음악 때문에 긴장이 고조됨을 경험하였다. 갈등이 돌출하고, 찬양 사역자는 이목을 끄는 데만 집중하며,

교회는 분열된다. 당신에게 음악은 과장된 것으로 보인다.
- 당신은 예배와 결합시킨 음악이 불신자들에게 미치는 영향, 즉 성경적 진리의 효과를 강화시키고, 하나님에 대한 사람들의 반응을 깊게 하는 것을 알고 있다. 당신에게 음악은 저평가된 것처럼 보인다.
- 존재의 위대한 목적이 당신이 매일 직면하는 강요, 요구, 책임으로 다가온다면 무의미하게 여겨질 것이다.

이 목록에 당신이 내용을 더 추가할 수도 있다. 그러나 이런 모든 도전과 질문들에도 장 칼뱅은 여전히 옳았다. 우리는 지속적으로, 기쁨으로, 전심으로, 그리고 영원히 우리의 위대하고 경이로우신 하나님께 열중하는 사람들 속에 한 자리를 차지하는 것보다 더 높은 목표를 가질 수는 없다. 성경의 마지막 장에 따르면, 모든 그리스도인이 나아가는 곳에서는 "다시 저주가 없으며 하나님과 그 어린 양의 보좌가 그 가운데에 있으리니 그의 종들이 그를 섬기리라"(계 22:3)고 말한다.

만일 영원한 예배가 우리가 향해야 할 것이라면 그것이 지금 우리에게 의미하는 바는 무엇인가? 그것이 어떤 변화를 주는가? 하나님의 예배자란 무엇을 의미하는가? 이 책에서 이러한 질문들에 답할 수 있기를 희망한다. 우선 2000년 전에 일어났던 스스럼없는 대화 속으로 들어가고자 한다.

한 여인과 우물

무덥고 건조한 어느 날 중동 지방의 어딘가에서 예수는 목이 마르셨다. 그분은 한 우물가에 앉아서 전에 한 번도 만난 적이 없던 사마리아 여인을 기다리셨다.[3]

"내게 마실 것을 달라."

이는 아주 간단한 요청이다. 그러나 이 네 마디의 말은 수세대에 걸쳐 도처에 존재해 온 종교적, 민족적, 도덕적 경계를 가로지르는 것이었다. 여인은 아연실색했다.

"어찌 당신은 유대인으로서 사마리아 여인인 내게 마실 것을 달라 하십니까?"

그녀에게 이와 같은 의문은 당연했다. 기원전 8세기에 앗수르 제국은 사마리아를 점령하였으며 이민족들로부터 우상숭배자들을 들여와 그들을 사마리아 사람들과 혼인시켰다. 그후로 나머지 유대인들은 사마리아인들을 혼혈인으로, 종교적 잡종으로 바라보았다. 그들은 추종해야 할 사람들이 아니라 피해야 할 사람들이었다. 그들은 따로 편집된 성경을 사용하고 다른 성전에서 하나님을 예배했다. 게다가 예수님은 남성이다. 유대인 남성은 결코 여성과 과도하게 친밀해서는 안 되며, 홀로 있는 여성에게 말을 거는 것은 매우 의심스러운 행동이었다. 그러나 예수님은 거리낌이 없으셨다.

"만일 네게 물 좀 달라 하는 이가 누구인 줄 알았더라면, 네가 그에게 구하였을 것이요, 그가 생수를 네게 주었으리라."

예수님은 여자의 질문에 대답하지 않으셨다. 심지어 그녀에게 더 이상 마실 것을 요청하지도 않으셨다. 오히려 그녀에게 무언가를 제공하고 계시다. 예수가 바라신 것은 그녀가 물을 필요로 하는 이가 누구인지를 아는 것이다. 살아있는 물, 예수님은 계속해서 여자의 가정생활에 대한 언급으로 그녀를 불편하게 만드신다.

"너에게 남편 다섯이 있었고, 지금 있는 자도 네 남편이 아니다."

지금 막 만난 어느 남자가 당신의 수치스런 생활의 면면을 드러내는 상황은 결코 흔하지 않다. 여자는 예수가 선지자임에 틀림없다고 생각했다. 어쩌면 그분이 수세기 동안 유대인과 사마리아인들을 나눠 놓은 문제에 대한 답을 알고 있을 것이다. 바로 예배의 문제였다.

"우리 조상들은 이 산에서 예배하였는데, 당신들의 말은 예배할 곳이 예루살렘에 있다 하더이다."

이 시점에서 여자는 그녀의 사적인 일에서 벗어나 말머리를 바꾸려 했는지도 모른다. 혹은 어쩌면 그녀는 진정으로 진행 중인 논쟁을 해결하고 싶어했을 것이다. 심지어 그녀의 죄를 어떻게든 처리할 수 있다는 희망을 붙잡을 수도 있다. 그러나 그것은 중요한 문제가 아니다. 이때 예수님이 그녀의 질문에 대답하신다.

"여자여 내 말을 믿으라. 이 산에서도 말고 예루살렘에서도 말고 너희가 아버지께 예배할 때가 이르리라. 너희는 알지 못하는 것을 예배하고 우리는 아는 것을 예배하노니, 이는 구원이 유대인에게서 남이라."

예수님은 여자에게 예배에 관한 그녀의 지식이 현저히 부족함을 이야기하신다. 지상의 지리적 범주는 사라지고 있다. 더욱이 여자는 자신이 주장하는 예배를 알지도 못한다. 그러고 나서 예수님은 여자의 삶과 그녀가 고백하는 종교 사이의 연결이 끊어져 있음을 알리셨다. 그분은 계속해서 말씀하셨다.

"아버지께 참되게 예배하는 자들은 영과 진리로 예배할 때가 오나니 곧 이때라. 아버지께서는 자기에게 이렇게 예배하는 자들을 찾으시느니라. 하나님은 영이시니 예배하는 자가 영과 진리로 예배할지니라."

영과 진리? 아버지가 찾으신다? 이는 생각지 못했고, 불가해하며, 여자가 꿈꿨던 것을 훨씬 넘어선 의미들을 담고 있는 예수님의 전형적인 응답이다. 그 의미들은 당신과 나에게까지 다가온다.

예수님이 어느 벽촌에 사는 부도덕한 여인과 대화를 나누셨던 사실은 우리에게 틀림없이 무언가를 말해 주고 있다. 하나님은 단지 중요하고, 대중적으로 인기 있는 사람들, 혹은 성공하고 권세 있는 사람들 속에서만 예배자들을 찾으시는 것이 아니시다. 우주의 창조자는 우리 모두에게서 참된 예배자를 찾고 계시다.

그런데 왜 하나님은 무언가를 찾고 계시는가? 분명히 모든 것을 알고 계시고, 모든 것을 보고 계시는 분은 잃어버리실 것이 없으시다. 하지만 스스로 충분하신 하나님이라고 해서 필요로 하는 것이 전혀 없지는 않다. 왜 하나님은 무언가를 찾으려 하시는가?

우리가 구하는 것은 우리에게 중요한 것이다. 우리가 구하는 것은 가치를 지닌 것이다. 하나님이 참된 예배자를 찾고 계시다면 참된 예배자가 하나님에게 중요하시기 때문이다.

다음에 이어질 내용들

먼저 음악적으로 유도된 감정적 경험과 관련해서 예배를 생각하는 사람들에게는 예수님과 사마리아 여인의 대화가 놀라운 것이다. 예수님은 참된 예배자들에 대해 이야기하면서 한 번도 음악을 언급하지 않으셨다. 밴드, 오르간, 키보드, 합창, 드럼 세트, 기타, 심지어 류트나 비파, 소고의 속삭이는 소리조차도 전혀 말씀하지 않으신다.

참된 예배자와 음악에 대해 말씀하지 않으신 것이 무엇을 의미하는지 알 수 있는가? 분명히 우리는 음악을 사용하겠지만 예배의 우선이 음악은 아니다. 음악은 하나님을 예배하는 한 부분이지, 결코 예배의 중심이 아니다.

예수님이 여인에게 말한 '참된 예배자들'은 '영과 진리로 아버지께 예배하는 자들'이다. 예수님은 이어서 좀 더 단호하게 "하나님은 영이시니 예배하는 자가 영과 진리로 예배할지니라"(요 4:24)고 말씀하셨다. 대체로 영과 진리로 예배하는 것은 진실한 마음에서 우러나오며, 하나님 말씀의 진리와 함께하는 예배를 말한다. 그러나 예수님의 말씀에는 그 이상의 것이 있다.

신학자 D. A. 카슨은 진리로 하나님께 예배하는 것이 "그 무엇보다 그리스도의 도움으로 하나님을 예배해야 함을 말하는 것이다. 예수 안에서 실체는 드러나고 어둠은 물러가고 있다."[4]고 말한다. 예수님은 믿는 자들의 영혼에 생수의 강을 흘려보내는 성령을 주시는 분이시다(요 7:38~39). 성령은 우리의 영혼에 생명을 가져오며, 예수 그리스도를 통하여 아버지 하나님을 알고, 사랑하며, 예배할 수 있게 하신다.

다른 말로 하자면, 하나님을 예배하게 하는 것은 하나님이시라는 것이다.

바로 여기가 우리의 출발점이다. 예수는 사마리아 여인에게 아버지께서 참된 예배자들을 찾으신다고만 하신 것이 아니라, 그녀를 참된 예배자가 되게 하러 왔노라고 하셨다. 그녀의 이야기는 모든 참된 예배자들의 이야기다. 하나님이 은혜로 우리를 택하시고, 말씀으로 스스로를 나타내지 않으셨다면 우리는 하나님을 예배할 수 없음을 아는 것부터 시작해야 한다.

그 점에서부터 우리의 마음과 행위로 하나님을 찬미하는, 즉 하나님을 예배하는 것의 본질을 말하고자 한다. 참된 예배를 정의한다면서 하나님의 주권, 권위, 유일성을 부정하거나 축소하는 모든 것들은 비성경적이며, 우상숭배로 이어질 것이다.

하나님은 우리를 개별적으로 참된 예배자로 부르시는 한편, 언제나 이 세상과 다음 세상에서 그에게 영광을 가져다 줄 사람들을 얻고자 계획하신다(출 19:5~6; 벧전 2:9~10). 그러므로 하나님이 구속하신 사람들의 모임, 즉 예배 공동체의 역사와 특권에 대해 이야기할 필요가 있다.

예배는 궁극적으로 하나님에 관한 것이지만, 그렇다고 해서 전적으로 하나님에 관한 것만은 아니다. 하나님은 우리가 은사를 통해 다른 사람들을 섬기는 것으로 영광 받기를 원하신다. 사실 이것이 우리가 모이는 가장 주된 이유 중 하나다. 우리가 은사를 사용할 때, 하나님은 우리를 한 개인이자, 교회로 세우고 계시다. 따라서 하나님을 예배하는 것의 수평적인 면을 이야기하고자 한다.

그러한 수평적인 면 가운데 하나는 때때로 난처하고, 종종 매력적이기도 한, 시대를 끝없이 초월한 음악의 영역, 특히 찬양이다. 아무래도 내가 35년간 회중 찬양을 인도했기 때문에 음악에 관한 이야기에 두 장을 할애했다. 첫 장은 왜 하나님이 우리가 함께 노래하기를 바라시는가에, 그리고 둘째 장은 종종 발생하는 도전들에 초점을 맞추었다.

하나님을 예배하는 것은 그분의 임재와 관계되어 있다. 하지만 하나님의 영이 우리들 사이에 거하신다는 것은 어떤 것인가? 어떻게든 그분이 무엇을 하고 계시는지 알아차리는 것을 뜻하는가? 어떻게 우리는 시편 105편 4절에서 지시하는 대로 성경적 근간을 잃지 않고, 또 감정에 휩쓸리지 않으면서 하나님의 임재를 지속적으로 구할 수 있는가? 우리들 속에서 역사하시는 하나님의 활동과 그분을 마주하는 것의 의미가 무엇인지를 생각한다면 이러한 질문들에 주의를 기울이게 될 것이다.

마지막으로 칼뱅이 우리에게 영원히 하나님의 예배자들 가운데 속한 한 사람이 되는 것을 존재의 위대한 목적으로 생각해 보라고 한 권고를 숙고하고자 한다. 베드로는 그의 첫 번째 편지에서 독자들에게 "너희 마음의 허리를 동이고 근신하여 예수 그리스도께서 나타나실 때에 너희에게 가져다주실 은혜를 온전히 바라라"(벧전 1:13)고 했다. 그것은 바로 마지막 장에서 다루게 될, 우리가 반영하는 새로운 시대의 예배로서 우리가 지금 볼 수 있는 것이자, 우리가 고대하고 있는 상상할 수 없는 기쁨이다.

예배 바로 세우기

나는 좀 더 긴 내용의 책을 쓰려고 했다. 참된 예배자가 되는 것이 기도, 복음전도, 성례전, 가난한 자들에 대한 사역, 성경공부, 영적 훈련 등의 주제와 어떻게 관련되는지를 탐구하고 싶었다. 하지만 내용이 길어지면 아무래도 독자 수가 훨씬 줄어들 것 같아서 참아야 했다.

내가 30년간 목회자로 있으면서 보아왔던 집회와 관련된 수많은 기독교 논쟁의 영역에 초점을 두려 한다. 마침 그것들은 나 역시 씨름해 온 영역이기도 하다.

여러 면에서 우리는 예수를 만난 사마리아 여인과 매우 유사하다. 그녀는 하나님을 생각하긴 했지만 그러면서도 하나님을 알지 못했다. 그녀는 회중 예배와 자신의 일상생활을 연결하는 데 매우 힘든 시간을 보냈다. 어디서, 어떻게 하나님을 예배할 수 있는지를 놓고 씨름했다. 그리고 그녀는 누구와 더불어 예배해야 하는지 의심했다.

그녀에게 했던 예수님의 말씀은 똑같이 우리에게도 하시는 말씀이다. 예수님은 우리의 열성적인 노력이 아닌 하나님의 측량할 수 없는 은혜로 시작하는 예배를 보게 하신다. 예수님은 우리에게 자신이 참된 예배의 중심임을 나타내시지만, 우리의 많은 생각들은 개인의 기호, 정서적인 경험, 종교적 관습으로 인해 이를 제대로 보지 못하고 있다. 예수님은 눈으로 볼 수 있는, 그저 일시적인 만족만 가져다주는 것들의 속박으로부터 우리를 자유롭게 하시며, 깊고 영원한 것으로 채우시는 보이지 않는 실재를 소개해 주신다.

사마리아 여인은 예배를 이해했다고 생각했다. 하지만 그녀의 이해는 우물가에서 예수님을 만남으로써 근본적으로 변화되었다. 만일 예수님이 예배에 관한 우리의 이해를 변경하고자 하신다면 우리는 어떻게 대응할 것인가? 엉망으로 만들기 위해서일까 혹은 다행스럽게도 바로 세우기 위해서일까? 하나님이 우리에게서 무언가를 찾는다기보다, 먼저 우리에게 주고자 하시는 어떤 것이 있지 않을까?

정말로 우리로부터 시작하지 않는 예배가 될 수 있을까?

02
은혜로 담대하게 예배함

"네게 있는 것 중에 받지 아니한 것이 무엇이냐?
네가 받았은즉 어찌하여 받지 아니한 것 같이 자랑하느냐" (고전 4:7)

나에게는 여러 해 전에 빡빡한 수업에도 무급 견습생으로 섬기면서 신학교에 다녔던 크레이그라는 훌륭한 친구가 있다. 여느 신학생처럼 그는 매우 가난했다.

크레이그는 사실 많은 돈을 버는 직장에 다니는 대학 친구와 친분을 유지하고 있었다. 이따금 두 사람은 시내의 식당에서 외식을 즐겼다. 크레이그의 성화에도 불구하고 언제나 그 친구가 음식 값을 지불했다. 결국 참다못한 크레이그가 "제발 내가 낼 수 있게 해 줘!"라고 했다.

그의 친구는 꿈쩍하지 않았다. "크레이그, 너는 왜 그렇게 받는 걸 어려워 하니? 받을 수 없다면 그리스도인이 될 수도 없어!"

크레이그의 친구가 옳았다. 그리스도인으로서 우리의 첫 번째 임무는 하나님에게 드리는 것이 아니라 받는 것이다. 좀 더 단호하게 말한다면, 참된 예배자에 관한 한 우리의 소명은 처음부터 끝까지 하나님으로부터 받는 것이라고 할 수 있다.

수용에는 두 가지 측면이 있다. 하나는 우리가 초대될 필요가 있고, 또 하나는 그럴 만한 자격을 갖출 필요가 있다는 것이다. 우리 스스로의 힘으로 하나님께 나아가기에는 너무나 무력하다. 다른 하나는 하나님이 정말로 좋아하시는 것을 우리에게 보여주셔야 한다는 것이다. 예수님은 "아버지 외에는 아들을 아는 자가 없고 아들과 또 아들의 소원대로 계시를 받는 자 외에는 아버지를 아는 자가 없느니라"(마 11:27)고 말씀하셨다. 우리의 힘으로는 하나님을 알 수 없다. 사마리아 여인에게 그러셨던 것처럼, 하나님은 우리가 올바로 응답할 수 있기 전에 먼저 스스로를 우리에게 나타내셔야 한다.

음식 대접을 받는 것은 예의와 무례 사이에서의 선택이다. 하지만 예배의 선물을 받는 것은 삶과 죽음의 문제다. 하나님은 태초부터 성경의 곳곳에서 그 사실을 명확히 하신다.

첫 예배자

성경은 "태초에 하나님이 계시니라"는 말로 시작된다. "태초에 아담이"라거나 "태초에 동물들이", 혹은 "태초에 가스 구름이 있었다."라고 하지 않으신다.

"태초에 하나님이 계시니라……"

모든 것이 있기 전에 하나님이 계셨다. 생기 가득한 행복, 완전한 만족, 그리고 찬란하게 빛나는 '가까이 가지 못할 빛'(딤전 6:16) 가운데 거하고 계시다. 아버지와 아들과 성령이 영원 전부터 각각의 완전함 속에서 끊임없이 기뻐하고 계시다(요 17:5, 24).[1] 하나님은 자신의 영광을 드러내려는 열망에서, 그리고 우리가 자신의 기쁨에 동참하기를 바라심에서 역사하셨다. 그분은 우주와 은하계 및 태양계와 지구라고 부르는 행성과 '에덴'이라는 장소를 창조하셨다.

에덴은 목가적인 풍경을 가졌다. 죄가 없었으며, 어떤 결함도 없었다. 또 어떤 타락이나 추함도 없었다. 천국인 것이다. 그러나 에덴을 그렇게 특별하게 만든 것은 환경이 아니라, 하나님의 존재하심이었다. 첫 번째 부부는 하나님의 임재와 영광으로 빛나는 세계 속에서 살았다. 아담과 하와는 본능적으로 왜 그들이 창조되었는지를 알았다. 그들은 하나님의 선하심과 위대하심을 찬미하기 위해 숨을 쉬고, 먹고, 자며, 놀고, 일했다.

D. A. 카슨은 타락하기 이전의 시대를 다음과 같이 설명한다.

> 하나님의 형상을 소유한 자들은 그분의 창조의 완전하심과 그분이 계시다는 즐거움 속에서 기뻐하였는데, 이는 그들이 완벽하게 하나님을 향해 있었기 때문이었다. 구원의 조건이 아직은 전혀 공표되지 않았

기에 아무것도 요구되지 않았다. 인간에게 예배를 권고할 필요가 없었다. 왜냐하면 그들의 모든 생활이 그들을 창조하신 하나님을 중심으로 이루어지고 있었기 때문이다.[2]

우리의 첫 조상은 나면서부터 예배했다. 그러나 그들이 금단의 열매를 먹자 예배는 재조정되었다. 뱀에게 속아서 그들은 하나님을 예배하는 선물을 거절하고 대신 스스로를 예배하기로 결정했다. 그들은 하나님을 능가할 수 있으리라고 생각했지만 그것은 틀린 생각이었다. 그리고 그러한 결정의 결과로 모든 창조물들은 무익과 절망에 빠지게 되었다.

부끄럽고, 당황하며, 두려움에 떨면서 아담과 하와는 그들의 벌거벗은 몸과 하나님에 대한 반역을 감추려 했다. 오히려 하나님이 그들을 찾아나섰다. 하나님은 그분이 행사할 수 있는 모든 권리로 그들을 죽음에 몰아넣는 대신 동물 가죽으로 아담과 하와의 몸을 가려주셨다. 이는 하나님이 처음으로 그분의 창조물 가운데에서 피를 흘리게 하신 것이었다. 바로 우리를 위해서 말이다. 우리가 하려고 했던 모든 일이 하나님에게서 달아나는 것이었을 때, 그분은 우리를 찾아내셨고, 우리의 필요를 공급해주셨다.

우리 스스로는 할 수 없다

예배를 가능하게 하려면 우리에게 하나님이 필요하다는 사실이 성경 전반에 걸쳐 명백하게 나타나 있다. 가인과 아벨은 둘 다 하나님께 제물을 가지고 왔지만 아벨의 것만 열납되었다. 그 이유는 아벨은 자신의 노력을 믿은 것이 아니라 하나님을 믿는 믿음으로 나아왔기 때문임을 알 수 있다(히 11:4). 가인은 낙담하였다. 그리하여 첫 번째 드려진 예배에서 한 예배자가 다른 예배자를 죽이는 결과를 낳았다.

하나님은 계속해서 초대하고 찾으신다. 대홍수로부터 노아와 그의 가족들을 구하셨으며, 이로 인해 잠시나마 희망이 다시 생겨났다. 그러나 머지않아 바벨탑이 또다시 우리의 예배가 잘못되었음을 증명해주었다. 수년 후 하나님은 이방 땅 우르에서 아브라함을 부르셔서 그의 자손들이 밤하늘의 별처럼 많아질 것이라고 약속하셨다(창 12:2; 15:5). 아브라함은 깜짝 놀랐다. 그리고 아이를 낳지 못하던 사라에게 아들을 갖게 하심으로 우리의 무능력과 하나님의 은혜를 정확히 나타내셨다.

이스라엘 백성들은 애굽에서 400여 년간 노예생활을 했다. 모세는 그들을 구출하려 했으나 실패하여 광야로 도망했다. 그는 그곳에서 40년간 양을 치며 보냈다. 불타는 덤불 가운데 하나님은 스스로 계신 분으로 모세에게 나타나셨다(출 3:14). "너희를 내 백성으로 삼고 나는 너희의 하나님이 되리니 나는 애굽 사람의 무거운 짐 밑에서 너희를 빼 낸 너희의 하나님 어호와인 줄 너희가 알지라"(출 6:7). 하나님이 주도하신다는 것이다. "내 백성으로 삼고……나는 되리니……나는 너희를 빼낸 너희의 하나님 여호와……."

어느 날 그들을 인도하시던 하나님이 그 백성들과 시내 산에서 마주 대하셨다. 하나님은 그들에게 순종해야 할 율법과 불순종하였을 경우 대속하기 위해 바쳐져야 할 희생제물에 대해 알려주셨다. 이 두 가지는 소멸당하지 않고 거룩하신 하나님께 가까이 나아갈 수 있게 하는 은혜의 선물이었다.

그런 다음 하나님은 수세기 동안 선지자들을 잇달아 보내서 이스라엘 백성들에게 하나님의 성정과 명령을 나타내셨다. 이루 헤아릴 수 없는 하나님의 주권적인 인도하심에도 불구하고 이스라엘 백성들은 그들의 남편이자, 창조주이신 하나님(사 54:5)을 전폭적으로 의지하지 않고 계속 우상숭배를 했다.

구약성경은 환희로 가득 찬 축제로 끝나지 않는다. 하나님께 영광을 드리려는 우리의 모든 노력이 실패와 책망으로 끝나버린 고통스런 현실을 보여준다. 하나님이 온 마음과 영혼을 다해 하나님을 예배하는 사람들을 소유하시려면, 이제 하나님 자신이 몸소 그렇게 하셔야 했다.

그런데 400여 년 후 하나님은 그렇게 하셨다. 예수가 탄생하신 것이다. 측량할 수 없는 사랑으로 하나님이 티끌이 되셨으며, 조물주가 악한 인간이 되셨고, 창조주가 저주 받은 인생이 되셨다. 그리스도로 오신 하나님은 우리가 에덴에서 거절했던 관계를 다시 회복시키셨다. 하나님이 우리에게 주신 가장 위대한 선물은 바로 하나님 자신이다.

예수는 하나님의 최후 진술로 이 세상에서뿐만 아니라 영원히 하나님을 예배할 수 있는 길을 열어주셨다. 우리의 제물이 자신에 대한 믿음과 스스로를 높임으로써 오염되는 경우, 예수는 우리를 대신하여 아버지께 영광을 드리기 위해 자신을 비우셨다. 예수의 완전한 삶, 십자가 위에서의 대속적 죽음, 육체의 부활, 영광스러운 승천은 그분을 믿는 사람들이 하나님의 예배자들 가운데 포함될 수 있음을 분명하게 보증하신다.

그 후로 수천 년간 하나님은 기꺼이 예배의 은사를 받고자 하는 사람들을 찾으셨다. 나는 결국 하나님의 주권적인 자비 안에서 그들 중 한 사람이 되었다.

반갑지 않은 손님

모세와는 달리 나에게 하나님은 사막의 불타는 가시떨기 가운데에서 나타나시지는 않으셨다. 그보다는 매우 일상적인 곳에 나타나셨다. 대학 학생회관에서 내가 피하고 싶었던 어느 신실한 그리스도인을 통해 나를 만나주셨다. 이름을 기억하지 못해서 편의상 짐이라고 부를 이 친구는 잡담을 하러 종종 나의 기숙사 방에 들렀다. 짐은 지금은 크루Cru로 알려진 C.C.C.Campus Crusade for Christ 출신이었다. 그는 내 안에서 영적 감동을 찾을 수 없었기에 영성에 관해 나와 이야기하고 싶어 했다.

그린데 나는 나름대로 영적이있다. 거의 매일밤 신약성경을 읽었고, 식사 전에는 반드시 기도를 드렸다. 고등학교 신입생일 때 가톨릭 사제가 되기 위한 준비의 일환으로 어느 주니어 신학교에 출석했었다. 비록 등록 인원이 줄어서 학교가 문을 닫았지만 고교시절이 끝날 때까지 영적인 마음자세를 그대로 유지했었다. 술을 마시지도 않았고, 욕설이나 마약도 하지 않았으며, 여자들과 잠자리를 같이 하지도 않았다. 또 매주일 교회에 갔다.

8학년 때는 내가 겸손하게 이름 붙인 〈완전에 이르는 간단한 여섯 단계 Six Easy Steps to Being Perfect〉라는 책을 쓰기 시작했을 만큼 영적이었다. 정말이다.

어쨌든 나는 확실히 영적이었다. 하지만 짐에게는 아무래도 불충분해 보였나 보다. 그래서 나는 결국 정중히 그의 말을 경청하되, 그의 오해를 풀어보겠다는 속셈으로 1학년 어느 가을밤 그를 만나기로 약속했다.

뜻밖의 선물

그날 밤 대화에 대한 나의 기억은 흐릿하다. 하지만 한 부분만큼은 절대 잊지 못한다. 만난 지 몇 분 후에 짐은 성경을 꺼냈다.

"이 구절 읽어 본 적 있어?" 하고 그가 물었다.

"모든 사람이 죄를 범하였으매 하나님의 영광에 이르지 못하더니"(롬 3:23)

물론 읽어본 구절이었다. 그리고 그 의미가 쉽다고 생각했었다. 그렇다, 나는 죄를 지었다. 내가 완전하지 않다는 사실을 알고 있었지만, 그럼에도 나는 그 부분에 집중하지 않았다. 대화가 계속될수록 하나님의 영광에 이르지 못하는 것이 내가 생각했던 것보다 훨씬 나쁜 것이라는 사실을 깨닫게 되었다.

짐은 다른 구절을 보여주었다.

"죄의 삯은 사망이요……"(롬 6:23)

인생 전반에 걸쳐 나는 내가 최선을 다한 만큼, 그리고 그러지 못했을 경우 그 사실을 회개한 만큼 하나님이 자비를 베풀어주실 것이라고 생각해 왔다. 그러니까 하나님은 내가 죽으면 천국으로 데려가야 할 것이다. 그런데 진실은 나는 결코 최선을 다하지 않았다는 것이었다. 단 한 번도 나 자신의 '선함'에 기대를 걸지 않았을 뿐더러, 나 스스로의 기준에도 언제나 미치지 못했었다.

하나님이 원하시는 바를 모르는 것이 아니었다. 나는 그분이 원하시는 것을 정확히 알면서도, 무수히 많은 다른 율법들을 무시하거나 불순종하면서도 몇 가지를 지키고 있다는 것 때문에 스스로를 자랑스러워했었다. 나는 죽어 마땅했다. 하지만 그러지 못했다.

내 인생에서 처음으로 하나님의 관점이 나의 관점과 근본적으로 다르다는 것을 보게 되었다. 나는 스스로를 몇 가지 이유 때문에 성실한 사람이라고 생각했었다. 그러나 하나님은 나를 그의 선하심과 의로운 율법에 공공연하게 도전하는 죄인으로 바라보고 계셨다. 하나님 앞에서는 내가 지금까지 행한 일이나 앞으로 할 수 있는 그 어떤 일로도 나의 상태를 바꿀 수 없다. 그분은 거룩하시고, 나는 부정하다. 그분은 순수하시고, 나는 불결하다. 그분은 의로우신 재판관이시고, 나는 유죄를 선고받은 죄인이다.

우리는 나머지 구절을 읽었다.

"······하나님의 은사는 그리스도 예수 우리 주 안에 있는 영생이니라"

그날 밤까지 나는 하나님의 은혜를 선한 행실을 하고, 나쁜 행실을 피함으로써 얻게 되는 것으로 생각했었다. 하지만 여기에서 하나님은 영생이 '선물'이라는 것을 말씀해 주셨다.

집의 초인종을 누르면서 짐은 나에게 연필 하나를 쥐어 주었다.

"네게 주는 선물이야. 받아."

나는 그게 무슨 뜻인지 몰랐었다.

그러자 그가 "선물을 얻으려고 뭔가를 했니?"라고 물었다.

"아니."

"선물에 대한 값을 지불했니?"

"아니."

"내가 너에게서 선물을 도로 빼앗을까?"

"아니."

한 줄기 빛이 밝아오기 시작했다. 십자가의 의미가 명백해졌다. 예수님은 나에게 선물을 주시려고 내 대신 죽으러 오신 것이다. 나의 수고를 통해 얻은 것이 아니며, 나 스스로의 가치를 증명하는 것도, 지키려고 고생해야 할 것도 아니었다. 그저 선물일 뿐이다.

예수님은 사실 그분이 하실 수 있는 최선을 다하셨다. 또한 완벽하셨다. 그 어떤 결함이나 실패도 그리고 숨겨지거나 드러난 죄도 없으셨다. 그러면서도 예수님은 내가 마땅히 받아야 할 나의 모든 과거, 현재, 미래의 죄에 대한 형벌을 담당하셨다. 하나님의 진노가 나를 대신하여 그분에게 쏟아졌다. 예수님은 소리치셨다.

"나의 하나님, 나의 하나님 어찌하여 나를 버리셨나이까?"

그러셨기 때문에 내가 더 이상 그렇게 소리칠 필요가 없어졌다.

아래의 글은 어느 찬송 작곡자가 작곡하면서 쓴 것이다.

"내 죄가……아, 이 영광스러운 생각의 기쁨…….

내 죄가 하나도 남김없이 다

십자가에 못 박혔으니

나는 더 이상 그 죄를 지고 갈 필요가 없도다.

주님을 찬양하라, 주님을 찬양하라, 오, 내 영혼아!"³

이는 하나님이 직접 우리에게 말씀하신 것이다.

"친히 나무에 달려 그 몸으로 우리 죄를 담당하셨으니 이는 우리로 죄에 대하여 죽고 의에 대하여 살게 하려 하심이라 그가 채찍에 맞음으로 너희는 나음을 얻었나니"(벧전 2:24)

내 대신 죽으신 예수를 통해 나는 천국을 가로막고 있던 죄와 죽음, 악마와 지옥 등 모든 것을 극복할 수 있게 되었다. 만일 내가 스스로를 높이고 자신을 소모하는 삶의 방식으로부터 돌아서서 그리스도의 죽음이 내가 하나님에게 진 빚을 완전히 청산했다는 것을 믿었다면 용서받을 수 있었을 것이다. 하나님과 화해했을 것이며 그분의 자녀가 되었을 것이다. 영원히.

너무 좋아서 믿어지지 않는 사실이다. 하지만 은혜란 항상 그런 것이다. 우리로서는 감당할 수 없는 은혜로 하나님께 이르는 것이다. 행함으로써가 아니라 선물을 받음으로써 이르게 된다. 우리가 예배를 만드는 것이 아니며, 예수 그리스도 안에서 영생을 받은 것에 대하여 응답하는 것이다. 따라서 이 선물이 지속적으로 우리가 하나님을 예배하러 나아오게 하는 기초가 된다.

이것이 바울이 디도에게 상기시킨 내용이다. "우리 구주 하나님의 자비와 사람 사랑하심이 나타날 때에 우리를 구원하시되, 우리가 행한 바 의로운 행위로 말미암지 않고 오직 그의 긍휼하심을 따라 하셨나니"(딛

3:4~5)

그러므로 자비로 시작되지 않는 예배는 더 이상 예배가 아니다.

계시와 응답

하나님을 예배하는 능력과 갈망은 하나님이 직접 우리에게 주시는 것이다. 하지만 선물에는 또 다른 일면이 있다. 우리를 인도하시고 예배를 가능하게 하는 과정에서 하나님이 자신을 계시하신다는 점이다. 그분은 우리에게 당신이 누구신지 말씀하신다. 우리가 그분의 은혜에서 멀어질 때에는 그저 하나님을 예배할 수 없게 될 뿐 아니라 우리가 예배하는 이가 누구인지를 알 수 없게 된다. 하나님은 우리에게 말씀하시고자 하는 것이 있으시다. 그리고 그것을 성경에서 말씀하신다.

그날 밤 내가 짐을 만났을 때 나를 변화시킨 것은 그의 설득하는 힘이나 훌륭한 언변이 아니었다. 하나님은 짐을 사용하셨지만 나의 눈을 여신 것은 하나님의 말씀을 통한 성령의 역사였다. 하나님의 말씀은 그분의 거룩하심이 나에게 원하셨던 것과 내가 얼마나 부족한지, 그리고 하나님이 몸소 예수 그리스도 안에서 어떻게 원하시는 것을 이루셨는지 보여주셨다.

신학자 데릭 키드너는 하나님께 열납되는 예배는 "아첨하는 것보다 훨씬 그 이상이며 주먹구구식으로 하는 것 그 이상이 되어야 한다. 그것은 계시된 것에 헌신하는 애정 어린 충성의 맹세다."⁴라고 하였다. 하나님을 예배하는 것은 우리에게 자신을 계시하신 하나님과 더불어 시작되며, 바로 그 계시에 의해 유지된다. 영국 목회자 보건 로버츠는 그 생각을 다음과 같이 기록했다.

> "예배는 결코 우리에게서 시작되지 않으며 언제나 그것은 진리에 대한 응답일 뿐이다. 그것은 하나님이 누구이신지, 그리고 그분이 그리스도 안에서 우리에게 행하신 일이 무엇인지에 대한 이해로부터 흘러나온다. 그분의 계시와 구속으로부터 시작되는 것이다. 따라서 우리는 바로 그 계시를 담고 있으며, 하나님의 구속의 사역을 알려주는 성경이 우리의 모임과 우리들 각자의 영적 삶의 중심에 올바로 놓여 있는지를 확인해야 한다.⁵

하나님이 우리에게 자신을 계시하지 않으셨다면 우리는 누구를 신뢰해야 하며, 누구에게 순종하고, 누구에게 감사할지, 혹은 누구를 섬겨야 할지 알지 못했을 것이다. 또 하나님이 무엇을 기뻐하시는지, 무엇을 명령하시고, 무엇을 약속하셨는지 알지 못했을 것이다. 가장 중요한 것은 당신 아드님의 십자가의 대속적인 죽음을 통해 하나님이 우리를 당신에게로 가까이 이끄시고 당신의 자녀가 되게 하셨다는 것을 알지 못했을 것이다. 그러한 진리를 망라해서 우리가 만일 하나님을 예배하기 원한다면 그분이 누구신지 알아야 한다.

참된 예배는 언제나 하나님 말씀에 대한 응답이다. 존 스토트는 "우리가 하나님께 말할 수 있는 어떤 자유가 있기 전에 하나님이 먼저 우리에게 말씀하셨음이 틀림없다. 우리가 그분에게 받아들여질 수 있는 예배를 드리기 전에 먼저 그분이 누구신지를 밝히신다. 하나님께 드리는 예배는 언제나 하나님의 말씀에 대한 응답이다. 성경은 놀랍게도 우리의 예배를 인도하고 풍성하게 한다."[6]고 말한다.

하나님 말씀은 우리가 하나님께 드리는 예배를 인도하며 풍성하게 한다. 하지만 하나님 말씀은 그보다 훨씬 더 근본적이다. 우리는 그분의 말씀을 떠나서는 하나님을 예배할 수 없다. 그분의 말씀은 우리의 예배를 정의하고, 인도하며, 고무시킨다. 성경은 우리의 정서적 불길을 일으키는 교리적 연료다.

말씀을 통해 하나님을 아는 것은 우리로 하나님께 예배드려야 할 필요성을 받아들이게 한다.

예배에 관한 몇 가지 오해

하지만 일부 그리스도인들은 하나님을 예배하는 것과 하나님의 말씀을 연결하는 것을 어려워한다. 그들은 "예배는 말씀에 관한 것이라기보다 정서에 관한 것이 아닌가? 사람들은 성경에 대해 그저 논쟁만 하지 않는가? 예배는 성령에 관한 것, 그 이상이지 않은가? 성경은 왜 그토록 이해하기 어려운가?" 등을 질문한다.

이러한 갖가지 질문들은 하나님의 말씀이 예배를 드릴 수 있게 하는 하나님의 선물인지에 대한 어떤 오해들이 있는지를 보여준다. 답을 하지 않는다면 그들은 계속해서 말씀을 통해 기쁨을 누리는 자리로 우리를 초대하시는 하나님의 풍성한 은혜를 받아들이지 않을 것이다. 이제 그러한 오해들을 하나씩 살펴보자.

오해 1: 예배는 말씀보다 감정과 더 연관되어 있다

한번은 독특하게 관계가 시작된 어떤 부부를 만난 적이 있다. 남편은 영어를, 부인은 러시아어를 썼다. 그들은 서로 사랑에 빠지게 되자, 외양, 정서, 몸짓이 상대방에게 부적절하게 될 소지가 있다는 것을 알게 되었다. 그래서 그들 중 한 사람이 상대방의 언어를 배웠다. 보다 의미 깊은 관계는 언어를 필요로 한다.

마찬가지로 하나님은 자신과의 관계로 우리를 초대하실 때 말씀을 사용하신다. 그 말씀은 성경 속에 있다. 성경은 그 속에 불가사의한 성질을 갖거나 그 자체로 마술적인 따로따로 떨어진 구절들로 구성되어 있지 않다. 종합적으로 구성되어 있으며, 성령으로 말미암아 기록된 성경은 하나님이 기뻐하시는 것을 우리에게 알려주는 소통의 통로이다. 그러나 성경은 단순히 하나님에 대하여 말하는 것이 아니다. 실제로 하나님이 말씀하시는 것이다(히 4:12). 하나님의 말씀은 하나님과의 관계를 시작하고 깊게 하는 최선의 방법이며 참된 예배의 본질이다.

예배는 확실히 말씀 이상의 것을 포함하고 있으며, 언젠가는 말씀이 없이도 하나님을 예배하는 때가 올 것이다. 하지만 언젠가 말씀이 사라질 그때까지는 "살아 계신 하나님과 실제적인 관계에 이르기 위한 유일한 길은 정확히 하나님 말씀 안에서, 그리고 말씀을 통해서다."[7]

많은 그리스도인들이 설교는 '정신적인 것'으로, 워십은 '감정적인 것'으로 생각한다. 그들은 더 많은 시간을 찬양을 의미하는 '워십'에 열중할 수 있다면 설교는 좀 축소되어도 괜찮다고 생각한다. 찬양을 혐오하는 예배가 장황한 말뿐인 예배가 될 것이라거나 혹은 성경 읽기가 예배를 방해할 뿐이라는 사고방식에는 둘 다 잘못된 태도가 반영되어 있다.

지금 당신의 교회가 음악은 뛰어난 데 비해 설교는 빈약할 수 있다. 하지만 하나님의 말씀을 읽고, 공부하고, 설교하고, 듣고, 기도하고, 찬송하는 것은 하나님이 찾는 참된 예배자에게서 절대로 빼놓을 수 없다. 성경을 잘 아는 것은 예배를 약화시키지 않으며, 오히려 예배에 관한 지식을 갖게 하고, 예배에 불을 붙인다. 하나님은 언제나 우리들 각자의 힘으로 상상할 수 있는 그 무엇보다 훨씬 더 좋은 분이시다.

만일 우리가 하나님의 참된 예배자로 성장하길 원한다면 단순히 더 많은 찬송을 들을 것이 아니라 성경 속에서 그분을 만나야 한다.

오해 2: 사람들은 그저 성경에 대해 논쟁만 한다

몇 년 전 어느 컨퍼런스에서 한 리더가 큰 소리로 우리가 속한 교단의 이름을 물었다. 여기저기서 웅성거리는 소리가 났다. 이어서 그는 교회의 머리가 되시는 이의 이름을 크게 외쳤다.

"예수!"

우리 모두는 한 목소리로 소리쳤다. 그가 계속해서 말했다.

"아십니까? 교리는 우리를 나누었지만, 예수는 우리를 하나 되게 하십니다."

그 리더의 예수를 높이고자 하는 마음은 감사하지만, 사실 그의 결론은 예수를 모욕하는 것이며 심각하게 잘못된 것이다. 교리라는 단어가 의미하는 바는 '가르침'이다. 그것은 성경이 가르치는 모든 것, 특별히 예배, 거룩함, 종말 등의 특별한 주제와 관련된다. 모두가 교리를 가지고 있다. 만일 당신의 교리가 성경이 실제로 가르치고 있는 것을 지지하고, 그것과 일치한다면 올바른 것이다. 그렇지 않다면 당신의 교리는 틀린 것이다.

그리스도인들은 수세기 동안 별로 중요하지 않은 교리적 주제에 대해 의견을 달리해왔다. 우리의 사악한 마음과 우리를 분열시키려는 사탄의 욕망을 고려하면 그리 놀라운 일이 아니다. 신약성경은 거짓 교사들이 교회에 스며들 것이라고 경고했다(행 20:29~30; 고후 11:13). 오늘날 귀중한 진리의 대부분은 이단에 대한 반응으로 좀 더 명확히 검증된다. 기독교 신앙의 진리는 종종 시험을 당하며, 논쟁과 투쟁의 불길 속에서 견고해진다.

사람들이 성경에 대해 논쟁하는 이유는 그것이 삶과 죽음의 문제를 다루고 있기 때문이다. 먼저 하나님은 아버지와 아들과 성령의 삼위일체로서 스스로를 나타내셨다. 하나님은 영원 전부터 아버지와 성령과 더불어 계셨던 삼위일체의 두 번째 위격인 예수 안에서 자신을 가장 완벽하게 드러내셨다. 만물이 그로부터 창조되었다. 예수는 동정녀에게서 나셨으며, 하나님께 완전한 순종의 삶을 사셨고, 예수를 믿는 모든 자들의 죄를 짊어지시고 하나님의 진노를 견디셨다. 예수는 육체적으로 부활하셨으며 아버지의 오른 편에 올려지셨다. 예수를 믿는 자들에게 성령을 부으셨으며, 어느 날 그분의 신부인 교회와 더불어 영원히 사시기 위해 위풍당당하게 다시 오실 것이다.

따라서 우리가 하나님을 예배하는 경우, 그 외에 다른 일은 중요하지 않다거나 혹은 그 외의 문제들은 저절로 해결될 것이라고 생각하는 것은 잘못된 것이다. 성경을 제대로 읽지 않으면 우리가 예배하는 하나님을 알지 못한다. 하나님이 누구신지, 또 그분이 무엇을 하셨는지에 대하여 자세히 알지 못하면 우리가 말하는 하나님은 실제로는 스스로가 갈구하는 자기 나름의 하나님이 되고 만다. 그러나 참된 예배는 개인적인 의견이나 생각, 경험, 최선의 추론, 혹은 최소한의 공통분모에 기초하지 않는다.

작가 마이클 호튼은 "찬양의 대상에 대한 모호함은 필연적으로 자신의 찬양 자체를 목적으로 만든다. 그리하여 그 자체가 목적이 되어버린 찬양은, 그 성격과 행위의 합당한 초점이 하나님께 있기보다는 우리 각자가 '예배의 경험'에 사로잡히게 한다."[8]고 일깨운다.

하나님께 드려지는 예배를 바르게 규정하지 않는 한, 그것은 우리의 상상의 산물이지, 결코 하나님의 선물이 아니다.

오해 3: 예배는 말씀보다는 성령과 더 많은 관련이 있다

바울은 빌립보서에서 그리스도인들을 '하나님의 성령으로 예배하는 자들'(빌 3:3)이라고 하였다. 우리가 이번 장에서 논의하고 있는 것에 대해 그는 우리 스스로의 노력이나 공로가 아닌 성령의 역사로 하나님의 자녀가 되었음을 확증한다. 하지만 수년간 나는(아마 나 혼자만은 아닐 것이다) 성령으로 예배한다는 바울의 말을 즉흥적인 노래, 고양된 감정, 체험의 추구 등을 의미한다고 생각했었다. 어쩌면 당신도 이와 유사하게 생각했을 것이다. 나는 그 목적이 찬양을 드리면서 성령이 사람들 가운데 운행하시고 무엇이든 원하는 바를 행하도록 하는 저녁 집회에 참석했거나 때로는 그런 집회를 인도하기도 했었다. 종종 그런 집회를 '성령의 밤'이라고 했다. 그런 시간들은 우리를 성경과 성경의 계획, 그리고 성경의 질서를 축소하거나 불신하게 하는 경향으로 기울어지게 한다.

하나님의 성령과 말씀은 양분되지 않는다. 무엇보다 성령은 성경을 우리에게 허락하시는 유일한 분이시다. "모든 성경은 하나님의 감동으로 된 것으로 교훈과 책망과 바르게 함과 의로 교육하기에 유익하니"(딤후 3:16). 여기 '감동으로'라는 구절은 명백히 인간을 도구로 사용하여 성경의 말씀들을 기록하는 성령의 사역과 관련되어 있다.

'성령으로 충만한 예배'란 하나님이 성경에 계시하신 것에 의해 평가되고, 또 그에 복종하는 것을 의미한다. 성령은 그분의 말씀과 완전히,

그리고 불가분하게 연결되어 있다.

성령의 인도하심을 따른다는 모든 교회와 개별 그리스도인들은 말씀을 양식으로 삼아야 한다. 우리의 삶에서 성령의 능력을 좀 더 알고 싶다면, 우리 자신을 그분의 말씀으로 풍성하게 채워야 할 것이다.

오해 4: 성경은 이해하기가 너무 어렵다

때로 우리는 케이크 영수증이나 6학년 교과서처럼 하나님을 이해할 수 있어야 한다고 여긴다. 그러나 우리가 그렇게 손쉽게 혹은 완벽하게 하나님을 이해할 수 있다면, 그분은 더 이상 우리의 예배를 받으실 만한 자격이 없게 될 것이다. 그분은 더 이상 하나님이 아니실 것이다. 성경이 '찾을 수 없는, 헤아릴 수 없는, 측량할 수 없는'과 같은 단어들을 사용하여 하나님을 설명하는 것(시 145:3; 롬 11:33; 엡 1:19)을 생각하면, 우리의 정신은 우리가 하나님을 알고자 할수록 그 한계에까지 뻗어나게 되리라고 예상된다.

하나님의 말씀을 연구하는 것은 수고스럽고 어려워 보일 수 있다. 영적이지 않거나 지나치게 지적인 것으로 비춰질 수도 있다. 일부 구절들은 반복적으로 읽고, 주의 깊게 생각하는 일이 필요할 것이다. 그러나 성경 말씀에 처음으로 영감을 주셨던 성령께서 이제 말씀을 받고 이해하도록 우리의 마음을 밝히신다. 성령은 열심히 우리의 눈을 열어 하나님의 말씀 안에서 놀라운 것을 보게 하신다(시 119:18).

우리는 이 일을 혼자서 할 필요가 없다. 성령은 성경을 보다 잘 이해할 수 있도록 목회자로부터 각자에게 교회를 선물로 주셨다. 우리는 또한 주석들, 성경공부, 서적들을 활용할 수도 있다.⁹ 가장 좋은 것은 성경 구절들이 말하는 바를 문학적, 역사적, 구속적 맥락에서 설명하고, 우리로 성경을 좀 더 중요시하도록 이끄는 것이다. 최악의 경우는 판단하고 의심하는 것이다. 찰스 스펄전은 다른 책을 읽는 지혜와 그 필요성에 관해 논평하면서 '다른 사람의 두뇌에 든 사고를 활용하지 않는 사람은 자기 자신의 두뇌조차 없음을 증명하는 것'¹⁰이라고 간결하게 말했다.

우리가 시간을 들여 독서하고 예배의 대상이신 하나님을 깊이 묵상하면, 만물 가운데 가장 영광스럽고 가치 있는 존재에 대한 참 지식을 소유하는 쪽으로 에너지를 쓰게 될 것이다. 그 지식은 우리로 하여금 보다 열정적으로 하나님을 사랑하고, 보다 지속적으로 하나님께 순종하며, 더 기쁜 마음으로 그분을 섬기고, 더 큰 확신을 갖고서 신뢰할 수 있게 하는 하나님의 선물이다. 또한 우리를 하나님의 예배자들 가운데 한 사람이 되게 한다.

언제나 받는 자들

예배자로서 우리의 첫 번째 책임은 하나님이 예수 그리스도와 성령 안에서 우리에게 허락하신 것을 이해하는 것이다. 은혜로 하나님께 나아가기를 거절하는 것, 성경과 별개로 하나님을 알고자 하는 것은 우리를 하나님에게서 멀어지게 할 뿐 하나님을 향해 나아가는 일이 아니다. 사실 하나님이 우리에게 성령을 주신 것은 우리로 '하나님께서 은혜로 주신 것들을 알게 하려 함'(고전 2:12)이다. 우리들 스스로의 힘으로는 하나님이 얼마나 자비롭고, 선하신지 그 생각조차 떠올릴 수 없다. 예배가 전부 당신에 대한 것이라면, 바로 이것이 복음인 것이다. 믿을 수 없는 소식 말이다.

하나님은 그분과의 관계를 방해하는 모든 것들을 제거하셨다. 만일 우리가 은혜로 나아간다면 예배를 훼방하는 것이 아무것도 없을 것이다.

우리를 가까이 이끄시는 하나님의 초대를 나타내는 가장 특별한 내용 중 하나가 히브리서에 있다. 구약성경의 제사장들과 희생 제의가 어떻게 부적절했는지를 설명한 후에 히브리서의 저자는 하나님께로 나아가는 길이 완전히, 그리고 영구적으로 열려졌음을 다음과 같이 말한다.

"그러므로 형제들아 우리가 예수의 피를 힘입어 성소에 들어갈 담력을 얻었나니, 그 길은 우리를 위하여 휘장 가운데로 열어 놓으신 새로운 살 길이요, 휘장은 곧 그의 육체니라 또 하나님의 집 다스리는 큰 제사장이 계시매, 우리가 마음에 뿌림을 받아 악한 양심으로부터 벗어나고 몸은 맑은 물로 씻음을 받았으니 참 마음과 온전한 믿음으로 하나님께 나아가자"(히 10:19~22)

적절한 희생 없이 가까이 다가오지도 않는 그 백성들을 경고하시던 하나님은 수세기가 지난 후, 이제 그분의 아들 예수의 피를 통해 소리치신다.

"가까이 오라!"

모두를 위해 단번에 드려진 예수의 희생은 하나님의 보좌가 놓인 방문을 활짝 열어놓았다. 하나님의 초대와 그분의 권능이 우리를 하나님께 가까이 다가갈 수 있게 하였다. 우리는 그분의 은혜에 감탄하며, 그분의 거룩하심에 경외로 가득하게 되고, 그분의 자비하심을 따라 본래의 우리로 다시 되돌려진다. 그분의 아름다움을 응시하고, 그분의 약속을 들으며, 우리의 삶을 위한 그분의 뜻을 받아들인다.

우리는 이제 예수, 오직 예수를 통해서만 성령으로 아버지의 실존에 자유로이 다가간다.

해야 할 일은 전혀 없으니, 그저 받아들이고, 기뻐하며, 예배하라.

03
자신은 낮추고, 그분은 높임

"내가 여호와를 항상 송축함이여 내 입술로 항상 주를 찬양하리이다
내 영혼이 여호와를 자랑하리니 곤고한 자들이 이를 듣고 기뻐하리로다
나와 함께 여호와를 광대하시다 하며 함께 그의 이름을 높이세" (시 34:1~3)

90년대에 우리는 2년에 걸쳐 교회를 개척했는데 전형적인 교회 개척의 어려움을 겪었다. 처음부터 우리와 함께했던 일부 성도들이 다른 교회에 등록하기로 결심했다. 몇몇 불만을 품은 부모들은 우리의 부모 주도의 청소년 사역을 좋아하지 않았다. 성적인 부도덕함에 사로잡힌 한 남성은 내가 무심한 상담을 했다고 비난했다.

하나님은 내가 얼마나 다른 사람들의 눈에 선한 사람으로 비춰지기 바라는지를 폭로하기 위해 이런 상황들과 다른 사람을 사용하셨다. 추악하기 그지없었다. 그래서 1994년 1월초, 일기에 간략한 기도문을 썼다.

"하나님, 내 인생에서 자존심을 죽이기 위해 필요한 무슨 일이든 행하소서."

하나님이 행하셨다.

몇 주 후에 친구의 집에서 저녁 식사를 하고 있는데 어디에서 오는 것인지 모를 엄청난 두려움의 파도가 나를 덮쳐왔다. 순간 나의 과거, 미래, 그리고 방에 있던 모든 것으로부터 고립된 것처럼 느껴졌다. 웅크린 자세로 쓰러지고 싶었지만 간신히 탁자를 붙들었다. 그리고는 욕실로 뛰어 들어가 기도하기 시작했다. 불안에 떨면서.

"하나님, 무슨 일입니까? 이게 뭔가요? 어디에 계십니까?"

정적만 감돌았다.

그날 밤 우울증, 불안, 분리, 긴장, 그리고 깊고 끝없는 절망과 싸우는 거의 3년간의 여정이 시작됐다. 건강 진단 결과는 내가 괜찮다는 것을 알려주었고, 외부의 위기도 없었다.

많은 기도, 상담, 성경공부, 성찰이 있은 후에야 비로소 문제의 근원을 발견했다.

바로 예배였다.

잘못된 방향의 예배

내 장애의 원인은 예배가 부족해서가 아니었다. 문제는 잘못된 방향의 예배였다. 잘못된 방향의 예배는 우상숭배. 그것은 궁극적인 만족, 위로, 안위, 기쁨 등을 하나님 대신 다른 어떤 것에서 찾는 것이다. 우상을 숭배하면서 "나를 채워 주세요. 나를 위로해 주세요. 나를 보호해 주세요. 나를 지배하세요. 당신은 나의 힘과 시간, 에너지, 애정을 쏟을만한 가치가 있어요. 오직 당신만이 내게 완전한 행복을 가져다줘요."라고 말하고 있는 것이다. 우리는 우상에게 육체적으로 절을 하지는 않는다. 하지만 우리의 마음으로는 그렇게 하고 있다.

"우리가 결코 예배를 시작하지도, 예배를 드리려고 노력하지도 않는다."[1]는 살아있는 증거는 바로 나였다. 우리는 항상 어떤 것과 누군가를 예배하고 있다. 나는 수년간 통제와 명성의 우상을 숭배했고, 하나님은 마침내 그 결과를 체험케 하셨다. 하나님의 주권을 신뢰하는 대신 나 자신의 통제 능력을 의지했다. 하나님의 자비하심을 찬미하는 대신 그분의 사랑을 받으려는 나의 노력만 장려하고 있었다. 하나님을 높이는 대신 나를 높였다. 그리고 너무나도 갈망하던 영광을 얻을 수 없게 되자 내 세상은 무너져 내렸다.

시간이 흘러 하나님은 내가 나 자신의 영광을 구하고, 내 업적을 칭송하며, 성장의 공을 차지하고, 구세주를 찬미하는 대신 스스로 주목을 받으려 했음을 알게 하셨다. 감사하게도 예수는 그와 같은 것들을 위해 죽으셨다.

길고도 고통스런 과정을 통해 하나님은 나의 예배를 재조정하셨다. 나는 새롭고 깊이 있게 우리가 하나님을, 오직 하나님만을 찬미하기 위해 구속되었다는 사실을 알게 되었다.

예배에 관한 단어들

우리가 빈번히 '예배'로 번역하는 성경의 히브리어나 헬라어 단어는 본래 복종의 행위나 땅에 바짝 엎드리는 것을 표현하는 말이다.[2] 성경에서 발견되는 또 다른 '예배'의 단어들은 항복, 희생, 섬김, 심지어 두려움 등을 포괄하는 다양한 태도와 행위를 뜻한다.[3] 이들은 우리의 집회에서뿐 아니라 일상생활에서의 행위를 모두 포함한다. 우리의 말과 행실뿐만 아니라 생각과 마음까지도 일컫는 것이다.

하나님이 무슨 이유로 그에게 응답할 참된 예배자들을 부르시는지를 함축하는 적절한 단어는 '높이다 exalt'이다. 하나님을 예배하는 것은 우리 자신의 모든 것은 겸손히 낮추고, 그분의 모든 것을 높이는 것이다. 그것은 하나님 홀로 모든 민족과 모든 신 위에, 그리고 하늘보다 높이 계심을 인정하는 것이다(시 99:2; 97:9; 108:5). 또한 하나님이 "만물의 머리로 높임을 받고 계시다"(대상 29:11)는 사실을 기뻐하는 것이다.

성경의 모든 기록은 조금 소원한 관계에서 아주 친밀한 관계에 이르기까지 하나님과 우리의 관계에 대해 전해주고 있다. 우리는 창조주의 피조물이며(계 4:11), 주인의 종이고(눅 17:10), 아버지의 자녀이며(요일 3:1), 신랑 되신 예수의 신부이자(계 19:7) 건축자의 집이며(히 3:6), 포도나무의 가지다(요 15:5). 하나님이 우리를 친구로 부르신다는 것은 오직 우리를 향한 그분의 특별한 겸손과 자비를 드러내는 것이다(요 15:15; 약 2:23).

그리스도인으로서 나는 심지어 예배를 두고 하나님과 경쟁해 왔다.

그러나 하나님은 그분의 영광을 위해서는 질투하시며, 우리의 변화를 위해서는 충분히 사랑하신다. 그래서 성령은 내가 놓쳤던, 즉 하나님은 내가 아니라 하나님이라는 사실을 알도록 자애롭게 내 눈을 열어 주셨다.

다행히 하나님은 언제나 참된 예배자들에게 그들 자신보다 높여야 할 더 위대한 이가 있음을 일깨우신다.

하나님을 찬미하는 일은 어떻게 보이는가?

오늘날에도 여전히 불려지는 70년대의 유명한 한 워십송은 다음의 후렴부를 담고 있다.

> "주님을 찬양, 주님을 찬양,
> 주님을 찬양, 오 주님!"

나는 이 노래를 반복해서 부르고, 노래에 표현된 헌신에 감화되었던 기억이 있다. 그러나 노래하는 것이 행함을 대신한다고 생각하는 것은 잘못이다. 이는 내가 아내를 지나치면서 "난 당신을 안아주고 있어."라고 말하는 것과 같다. 마치 말이 실질적인 신체 접촉을 충분히 대신한다고 생각하는 것과 같다. 말은 그것을 뒷받침하는 행함이 없이는 아무런 의미가 없다.

하나님이 우리에게 목적하시는 바는 노래뿐 아니라 삶으로도 그분을 찬미하는 것이다. 로마서에서 바울은 11장에 걸쳐 복음에 대해 설명하고, 또 복음을 기뻐한 후에 다음과 같이 간청한다. "그러므로 형제들아 내가 하나님의 모든 자비하심으로 너희를 권하노니 너희 몸을 하나님이 기뻐하시는 거룩한 산 제물로 드리라 이는 너희가 드릴 영적 예배니라"(롬 12:1)

바울은 의도적으로 '몸bodies'이라는 단어를 사용했다. 하나님의 자비에 대한 응답으로 단순히 말이나 감정, 혹은 일시적인 행동이 아닌 우리의 몸, 즉 삶으로 하나님을 예배해야 하는 것이다. 하나님께 드리는 예배는 주일날 아침에 어느 공간에서 우리가 행하는 일로 한정될 수 없다. 그것은 단순히 팔을 들어 올리거나 초월적인 정서적 체험을 갖는 것 이상이다. 예배는 평범하고 일상적인 우리의 생각, 말, 매일의 행위뿐 아니라 그보다 중요하고 특별한 것들을 포함한다. 그것은 우리가 복음을 통해 받은 용서에 대해 모든 인생이 화답하는 것이다.

요약하면, 하나님에 의해서 구속되었으며, 예배할 수 있게 된 참된 예배자들은 그리스도 안에서 성령의 능력을 힘입어 자신의 마음과 감정과 의지로 그의 영광을 높이는 방식으로 하나님께 응답한다. 하나님은 예수를 통해 우리에게 그분의 위대하심과 선하심을 확대하시기 위하여 내적으로든 외적으로든 모든 가능한 방법으로 우리를 부르신다. 예배는 우리의 마음에서 시작되지만 언제나 가시적인 행위로 나타난다. 여기 그 모두를 통해서 하나님을 찬미할 수 있는 몇 가지 방법이 있다.

마음으로 하나님 찬미하기

여기 기록된 것이 모든 방법을 다 포괄하고 있지는 않는다. 하지만 우리가 참된 예배자로서 하나님을 영화롭게 하는 풍성하고 다양한 방법들을 찾는 데 도움이 되기를 바란다.

생각으로

하나님을 찬미하는 가장 기본적인 방법은 그저 하나님이 계시다는 것을 기억하는 것이다.

"어리석은 자는 그의 마음에 이르기를, 하나님이 없다 하는도다"(시 14:1)

이와 반대로 참된 예배자들은 하나님이 우리의 행복과 그의 영광을 위해 언제나 깨어 계시고, 관여하시며, 일하고 계심을 인식한다.

우리는 단순히 "이런 상황 중에 하나님은 어디 계시지?" 하고 물음으로써 매순간 주님을 찬미할 수 있다. 당신이 지금 고통스런 상황 가운데 있을지 모른다. 차가 망가졌다든지, 연인과 헤어졌다거나 우편으로 예상치 못한 청구서가 도착했을 수도 있다. 임신 중인 자녀의 몸에 이상이 있다는 얘기를 듣는다거나, 당신의 부모나 자녀에게 말할 수 없는 일이

닥쳤거나, 직장에서 해고를 당했다거나 하는 상황 속에서 우리는 하나님을 잊어버리든가 혹은 그분이 함께 계셔서 역사하고 계심을 기억하든가 둘 중의 하나를 선택할 수 있다. 우리의 생각이 하나님께로 향하면 "우리가 그를 힘입어 살며, 기동하며, 존재한다"(행 17:28)는 말씀이 진리라는 것을 깨닫게 된다.

전 재산과 자녀들을 잃은 욥의 고통을 우리는 감히 상상할 수 없다. 그러나 그는 엎드려 경배하면서 제일 먼저 하나님을 생각하였다.

"주신 이도 여호와시요 거두신 이도 여호와시오니 여호와의 이름이 찬송을 받으실지니이다"(욥 1:21)

욥은 계속되는 육체적 고통과 친구들의 잘못된 조언을 견뎌야 했다. 그는 하나님께 물었으며, 하나님과 논쟁하였고, 하나님에게 성을 냈다. 하지만 하나님에 대한 생각은 전혀 멈추지 않았다. 비록 욥이 그에게 일어난 일을 이해할 수 없었더라도 하나님이 언제나 함께 계셨던 이유가 바로 그 때문이다.[4]

몇 세기 전의 한 신자는 자꾸 하나님을 잊어버리는 자신의 성향을 고민하면서 이렇게 기도했다. "나는 당신을 생각지 않았습니다. 내 존재의 목적이신 당신에 대해 알고자 하지 않았고, 내 중심의 간절한 요구가 무엇인지 진지하게 생각해 본 적이 없었음을 고백합니다."[5]

중심의 요구는 하나님이 '스스로 계신 자'이며, 흔들리지 않고 변하지 않는 영원한 실재임을 기억하는 것이다. "만물이 주에게서 나오고, 주로 말미암고, 주에게로 돌아감이라"(롬 11:36)고 바울이 말한 것처럼, 그것이 사실이라면 우리가 처한 상황들은 뭔가 하나님을 필요로 한다. 우리에게 어떤 상황이 일어날지라도 하나님은 가장 중요한 관계자이시다.

사랑으로

참된 예배자들은 하나님에 대해 생각하는 것에 그치지 않고 행동한다. 하나님을 사랑하는 것이다. 예수가 말한 가장 큰 계명은 이것이다. "네 마음을 다하고, 목숨을 다하고, 뜻을 다하고, 힘을 다하여 주 너의 하나님을 사랑하라"(막 12:30)

예배와 사랑은 매우 밀접하게 연결되어 있기 때문에 진짜 예배하는 것이 무엇인지를 결정하는 것은 바로 우리가 가장 사랑하는 것이 무엇이냐이다. 사랑은 하나님과 우리의 관계 뒤에 있는 열망과 동기를 말해준다. 사랑은 감정 그 이상이지만, 그렇다고 감정이 아니라는 말은 아니다. 사랑은 단순히 계명을 지키고, 성경구절을 암송하며, 교회 모임에 출석하는 것이 아니라 그리스도를 갈망하고, 기뻐하며, 존귀하게 여기는 것을 말한다. 하나님을 사랑하면 책임이 기쁨으로, 형식적인 순종이 열정적인 따름으로, 금욕적 인내가 믿음으로 충만한 소망이 된다.

하나님을 찬미하는 것은 얼마나 하나님을 사랑하는가로 명백해진다. 우리가 무언가를 사랑하면 그것에 가치를 둔다. 그러면 우리는 사람들에게 "그것이 내 생각, 시간, 수고, 감정을 쏟을 만한 가치가 있다."고 말할 것이다. 하나님을 사랑하는 것은 사람들에게 하나님이 매력적이고, 훌륭하며, 만족을 주는 분임을 믿게 하는 것이다. 하나님을 사랑하는 것은 하나님에 대한 것을 사랑하는 것과는 전혀 다르다. 성경의 지식이 지부심으로 이끄는 것과 찬양으로 이끄는 것에는 분명한 차이가 있다.

하나님을 사랑하므로 그분을 찬미하는 사람들은 하나님의 소리를 듣고자 말씀에 시간 쓰기를 아까워하지 않는 사람들이다. 그들은 어떤 유명인을 만나는 것보다 다른 이들에게 그리스도를 소개하는 일을 더 즐거워한다. 종종 그들은 하나님의 선하심과 신실하심에 대한 증언을 들을 때 감동을 받는다. 그들과의 대화는 어김없이 하나님의 자비하심에 감사하며 십자가 아래에서 마무리된다. 그들을 사귀면 당신도 구세주를 좀 더 알기 원하게 된다. 이렇게 하는 것은 구세주를 진정으로 찬미하는 것이 된다.

그런데 예수님은 하나님을 사랑하라는 계명을 주시는 것으로 그치지 않으셨다. 계속해서 이렇게 말씀하셨다.

"네 이웃을 네 자신과 같이 사랑하라"(막 12:31)

다른 사람에게 악의를 품고 있으면서 하나님께 깊은 애정을 표한다면 이는 전혀 하나님께 영광을 드리는 것이 아니다. 사실 요한은 그것이 불가능하다고 말하고 있다.

"그 형제를 사랑하지 아니하는 자는 보지 못하는 바, 하나님을 사랑할 수 없느니라"(요일 4:20)

이웃 사랑, 심지어 그들이 마음에 들지 않을 때조차 사랑하는 것이 하나님을 높이는 일이 되는 이유는 그것이 우리를 향하신 하나님의 마음을 반영하고 있기 때문이다. 우리는 "그 해를 악인과 선인에게 비추시며, 비를 의로운 자와 불의한 자에게 내려주시는"(마 5:45) 하늘 아버지처럼 행해야 한다. 이웃을 사랑하는 것은 구세주가 우리에게 보이신 겸손, 온정, 관대함, 인내의 증거가 된다(엡 4:1~2; 5:2). 이것이 하나님을 찬미하는 것이다.

믿음으로

믿음은 그리스도인의 삶에 이르는 수단일 뿐만 아니라, 하나님을 신뢰한다는 우리의 지속적인 표현이다. 믿음의 목적은 지금 당장 부와 건강을 얻는 데 있지 않고, 예수 그리스도 안에서 하나님이 이미 우리에게 모든 것을 주셨음을 깨닫는 것이다(고전 3:21~23; 엡 1:3). 믿음은 하나님이 그분의 성정과 약속 때문에 모든 것을 채워주실 것을 믿으며 담대히 하나님께 나아가도록 한다. "믿음이 없이는 하나님을 기쁘시게 하지 못하나니, 하나님께 나아가는 자는 반드시 그가 계신 것과 또한 그가 자기를 찾는 자들에게 상주시는 이심을 믿어야 할지니라"(히 11:6).

하나님을 향한 믿음의 실천은 그분의 지혜를 자랑하는 것이다. 해야 할 어떤 일들에 대하여 세상의 관점이나 자기 자신의 생각을 의지하는 대신, 하나님이 모든 것을 알고 계시고 우리는 그렇지 않다는 점을 인지해야 한다(잠 3:5).

하나님을 향한 믿음의 실천은 그분의 능력을 자랑하는 것이다. 우리의 힘으로는 부족하고, 우리의 공급은 불충분하며, 우리의 노력은 무익하다. 우리는 욥과 함께 이렇게 말한다.

"주께서는 못하실 일이 없사오며,

무슨 계획이든지 못 이루실 것이 없는 줄 아오니"(욥 42:2)

하나님을 향한 믿음의 실천은 그분의 신실하심을 자랑하는 것이다. 예상치 못한 의료비를 어떻게 지불해야 할지 모를 때, 하나님을 찬미하는 것은 우리를 돌보시고, 우리에게 공급하시겠다는 그분의 약속을 믿는 것이다(벧전 5:7). 우리는 다른 이들에게 하나님의 약속이 사실임을 선포해야 한다.

"내가 결코 너희를 버리지 아니하고, 너희를 떠나지 아니하리라"(히 13:5)

단순히 우리의 문제를 낱낱이 아뢴다고 해서 하나님을 찬미하는 것은 아니다. 하나님을 찬미하는 것은 문제의 한가운데서 그분의 성정을 생각해내는 것이다. 우리는 그것을 시편 42편과 43편에서 알 수 있다. 시편기자는 하나님에게서 멀리 떨어져 있는 듯했고, 적들로부터 쫓기고 있었다. 그는 그저 불평하기보다는 하나님이 그의 소망이자 구원이심을 스스로에게 상기시켰다.

"내 영혼아 네가 어찌하여 낙심하며 어찌하여 내 속에서 불안해하는가? 너는 하나님께 소망을 두라 그가 나타나 도우심으로 말미암아 내가 여전히 찬송하리로다"(시 42:5~6, 11; 43:5)

성공, 결실, 아무 문제가 없는 삶만이 하나님이 우리를 통해 자신을 영화롭게 하는 유일한 방법은 아니다. 고난의 한가운데서조차 우리를 지키시고, 안위하시며, 인도하시는 하나님의 능력을 믿을 때 그분을 찬미할 수 있다.

"백성들아 시시로 그를 의지하고 그의 앞에 마음을 토하라 하나님은 우리의 피난처시로다"(시 62:8)

감사함으로

하나님은 반복해서 그분에게 감사할 것을 명하신다.[6] 혹시 그 이유가 궁금하지는 않은가? 하나님은 마치 한 엄마가 네 살배기 아들에게 "리키, 네 생일 선물을 준 마지 이모에게 감사하는 걸 잊어선 안 돼!" 하고 요구하듯이 우리에게 예의를 차리라고 권고하는 것이 아니다. 그렇다, 사실 하나님이 구하시는 것은 우리의 마음이다. "온갖 좋은 은사와 온전한 선물이 다 위로부터 빛들의 아버지께로부터 내려오나니 그는 변함도 없으시고 회전하는 그림자도 없으시니라"(약 1:17) 그분은 우리가 요구하거나 상상한 것 이상으로 우리를 축복하셨으며, 대개 말로 표현하는 우리의 감사는 사람들에게 축복의 근원을 가르쳐준다.

감사하는 마음은 하나님이 우리를 향해 아낌없이 주시는 은혜와 호의를 두드러지게 한다. 하나님은 끊임없이 우리에게 멋진 선물들을 쏟아 부으시는데 일부(건강, 양식, 의복, 가족, 친구와 같은)는 분명한 것들이지만,

많은 경우는 눈에 잘 띄지 않는 것들(숨 쉬는 공기, 진에 없었던 사고로부터의 보호, 다른 사람들의 기도, 아직 나서지 못한 선한 사역처럼)이다.

반면에 감사를 모르는 마음은 하나님의 성품에 의심의 눈길을 쏟고, 그분을 욕되게 한다. 우리의 그런 태도는 하나님이 우리의 처한 상황 가운데 계시지 않고, 적극적으로 우리를 돌보지 않으시며, 아무 능력도 없다고 알리는 꼴이다. 불신의 주된 본질이 하나님께 감사하기를 거절하는 것임은 그리 놀랍지 않다(롬 1:21).

무엇보다 참된 예배자들은 항상 놀라운 감사할 이유를 갖고 있는데, 이는 자신의 이름이 어린 양의 생명책에 기록되어 있기 때문이다. 우리는 다가올 심판을 두려워하지 않는다. 우리의 죄의 값은 갈보리 십자가의 죽음으로 단번에 지불되었다. 하나님은 우리의 아버지이시며, 영원히 계실 것이다. 이것이 바로 시편기자가 수차례에 걸쳐 "여호와 나의 하나님이여 내가 주께 영원히 감사하리이다"(시 30:12; 참조. 시 44:8; 52:9, 79:13)라고 선포하며 하나님께 영광을 드린 이유다.

갈망함으로

우리는 '이미와 아직'7의 시대를 살고 있다. 예수는 죽음에서 부활하셨지만 사람들은 여전히 죽는다. 사탄은 패배하였지만 여전히 그가 지상을 마음대로 통제할 권한이 있는 것처럼 보인다. 예수는 오셨지만 우리는 모든 것을 바로잡으실 그의 다시 오심을 고대하고 있다.

사실 오늘날 사람들이 다 잘 지내고 있는 것은 아니다. 어떤 사람들은 만성적이고, 거의 견디기 어려운 고통과 씨름하고 있다. 한 젊은 엄마의 삶은 그녀의 다섯 살 된 아이의 갑작스런 죽음으로 황폐해졌다. 일곱 명의 어린 자녀들을 둔 어느 아버지는 트램펄린에서 뛰다가 갑자기 사망했다. 현대의학은 놀랄만한 발전에도 불구하고 암, 에이즈, 심장병, 뇌졸중으로 사람들이 생명을 잃는 것을 예방하지 못하고 있다. 우리 앞에는 커다랗게 입을 벌리고 있는 무덤이 놓여 있다. 소셜 미디어들의 수천 가지 캠페인들과 지원 보증된 엄청난 돈이 질병 및 빈곤과의 싸움에 쓰이고 있지만 겨우 겉핥기만 할 뿐이다. 결혼은 이혼으로 끝나버린다. 자녀들은 유괴되고, 강간당하며, 성 노예로 팔려나간다. 만물이 신음하고 있다.

우리는 성경의 반복된 외침에 공감할 수 있다. "주여, 어느 때까지니이까?"(시 13:1; 참조. 시 90:13; 계 6:10) 그러한 외침 속에서 우리는 하나님의 주권, 정의, 교회와 피조물을 향한 그분의 사랑, 약속에 대한 그분의 신실하심에 대해 확신한다.

궁극적으로 참된 예배자들은 하나님을 향한 그들의 모든 갈망이 구주가 다시 오실 때 성취될 것과 '복스러운 소망과 우리의 크신 하나님 구주 예수 그리스도의 영광이 나타나실 것'(딛 2:13)을 알고 있다. 그리하여 '그의 약속대로 의가 있는 곳인 새 하늘과 새 땅을 바라보는'(벧후 3:13) 일에 우리의 삶을 둔다.

우리는 헛된 꿈에 소망을 두지 않는다. 또한 현재 보이는 잘못들을 바로잡으려는 노력을 그만두지도 않는다. 다만 우리는 그분이 다시 오실 날이 도래하고 있음을 알고 있다.

그리고 우리는 그날을 지속적으로 갈망함으로써 하나님을 찬미한다.

행함으로 하나님 찬미하기

내적으로 하나님을 찬미하는 것은 가시적인 외적 증거를 동반한다. 그러한 증거들은 기도, 성경 읽기, 찬송 등과 같은 '영적' 행위를 포함하지만 그 너머까지 나아간다. 우리가 행하는 모든 것이 예수 그리스도 안에서 하나님의 위대하심과 선하심을 찬미하는 일이 될 수 있다. "그런즉 너희가 먹든지 마시든지 무엇을 하든지 다 하나님의 영광을 위하여 하라"(고전 10:31)

여기 우리의 행위를 통하여 하나님을 예배할 수 있는 몇 가지 방법이 있다.

자발적인 순종으로

하나님께 순종하는 것은 율법주의도, 선택 사항도 아니다. 순종과 상관없이 참된 예배자가 될 수 있다는 생각은 성경과는 동떨어진 이야기다. 예수는 이를 분명하게 말씀하신다. "너희가 나를 사랑하면 나의 계명을 지키리라"(요 14:15)

순종은 우리로 하나님의 왕국에서 한 자리를 차지하게 하는 것이 아니라, 하나님이 그리스도의 속죄의 사역을 통해 그의 왕국으로 우리를 데려오셨음을 나타내는 것이다. 우리의 모든 죗값이 지불되었다는 사실은 오직 우리를 구원하시고, 우리에게 "내가 거룩하니 너희도 거룩할지어다"(벧전 1:14~16)라고 말씀하신 하나님의 성품을 더욱 나타내고 싶게 한다.

하나님의 계명에 순종하는 것은 다른 이들에게 우리가 하나님을 사랑하고, 그분의 율법은 선하며, 따라야 할 가치가 있음을 말하는 것이다. 우리는 우리가 아니라, 하나님이 왕이심을 증거하며, 우리의 헌신을 받으시기에 충분하다는 사실을 분명히 한다. 그리고 우리의 모든 순종으로 하나님을 예배하는 것이 속박이 아니라 참된 자유임을 선포한다(갈 5:13).

순종은 종종 특별한 관계 안에서 구체화된다. 바울의 에베소서와 골로새서, 그리고 베드로의 첫 번째 편지에는 다양한 군상들의 사람들(남편, 아내, 부모, 자녀, 상전, 종 등)이 언급되어 있다(엡 5:22~6:9; 골 3:18~4:1; 벧전 2:18~3:7).

각 군상들에게는 주님을 기쁘시게 할 특별한 방법들이 주어져 있다. 남편들은 자기를 사랑하듯이 아내를 사랑하고, 아내를 이해하며 살아야 한다. 아내들은 그들의 남편에게 복종하고 존경해야 한다. 부모들은 그들의 자녀들을 주님의 교훈과 가르침으로 양육하고, 자녀들은 그들의 부모를 공경해야 한다. 상전들은 정당하고 공정해야 하며, 종들은 기쁨으로 그들의 상전을 섬겨야 한다. 언급된 각 그룹들은 상호 보완하는 방식으로 하나님께 순종함으로써 하나님의 계획과 질서의 지혜로움을 찬미한다.

모든 그리스도인들이 하나님께 영광을 드릴 수 있는 방법들도 있다.

기쁨으로 순결을 쫓는 것은 한순간의 감각적인 쾌락보다는 하나님의 사랑이 훨씬 즐거운 것임을 보여준다. 먹는 것에서 절제를 실천하는 것은 식탐이 아닌 감사로 하나님의 선물에 응답함으로써 하나님을 영화롭게 한다. 분노를 억제하는 것은 무한히 우리를 참으시는 하나님을 증거한다. 불우한 사람들을 돌보는 일은 "부요하신 이로서 너희를 위하여 가난하게 되심은 그의 가난함으로 말미암아 너희를 부요하게 하려 하신"(고후 8:9) 구주를 찬미하는 것이다.

비록 우리는 현실 속에서 하나님의 계명을 결코 완전하고, 온전하게 따를 수는 없겠지만, 우리의 순종은 그 계명들의 진리와 가치 및 아름다움을 공표하는 일이 될 것이다(시 19:7~10).

특별한 찬송으로

시편기자는 말한다.

> "하늘이 하나님의 영광을 선포하고 궁창이 그의 손으로 하신 일을 나타내는도다"(시 19:1)

우리가 하나님의 위대하심을 선포하든, 그렇지 않던 그와 별개로 하나님의 피조물은 항상 그것을 선포할 것이다.

하지만 피조물의 찬양은 소리가 없으며 전달할 수 있는 방식이 다소 제한되어 있다. 하나님은 인류에게 특별하고 지능적인 찬송을 하나님께 드릴 수 있는 특권을 허락하셨다. 신생아가 태어나거나, 밤하늘의 별무리에 감탄할 때, 혹은 친구가 승진할 때 하나님이 궁극적으로 그렇게 하셨음을 다른 이들로 알게 한다면 그것이 하나님을 찬미하는 것이다. 그는 우리의 기쁨과 즐거움의 근원이시며 존귀히 여김을 받아 마땅하다. 경우에 따라서는 "주님을 찬양합니다." 혹은 "하나님 감사합니다."라고 응답하는 것은 상투적으로 보일 수 있지만, 마음 없이 "놀라운데!" "멋진걸!" 하고 말하는 것보다는 낫다.

신기하게도 성경은 우리에게 그 이유를 설명하지도 않고 주님을 찬양하라고 권고한다.

> "주님을 찬양하라! 여호와께 감사하라 그는 선하시며 그 인자하심이 영원함이로다!"(시 106:1)

주님을 찬양하라!

> "여호와를 경외하며 그의 계명을 크게 즐거워하는 자는 복이 있도다!"(시 112:1)

> "주님을 찬양하라! 그의 성소에서 하나님을 찬양하며 그의 권능의 궁창에서 그를 찬양할지어다! 그의 능하신 행동을 찬양하며 그의 지극히 위대하심을 따라 찬양할지어다!"(시 150:1~2)

시편은 하나님의 백성들이 하나님 스스로 계시히신 것을 특별한 방식으로 선포하는 구체적인 예들로 가득하다. 특히 그들은 하나님의 말씀과 그분의 존귀하심, 그분의 사역을 찬양한다(시 56:4, 105:2, 145:8~9).[8] 그러한 범주들은 우리가 예배의 어휘들을 확장하고자 할 때 도움을 제공할 수 있다.

하나님이 위대하시다는 것은 사실이다. 그러나 우리가 특별히 감사하는 것은 말씀을 우리에게 주셔서 그분의 계획, 열망과 약속을 알게 하셨기 때문이다. 그렇다, 하나님은 놀라우시다. 하지만 우리가 특별히 감탄하는 것은 그분이 말씀으로 우주 만물을 창조하셨기 때문이다. 하나님은 능력이 많으시다. 그러나 우리가 깊이 묵상하는 것은 그분이 행성의 진로와 화살의 경로를 조정하시기 때문이다(왕상 22:29~38). 하나님은 확실히 거룩하시다. 그것은 그분이 영원히 모든 피조물보다 높임을 받으시며, 부도덕함이 전혀 없으시다는 것을 의미한다. 맞다, 하나님은 영화로우시다. 하나님의 아들이 하나님의 정의, 의로우심, 애정, 지혜, 능력, 사랑을 나타내며 사악한 반역의 장소에서 십자가에 매달린 것을 생각할 때에 우리는 그 모든 완전함 속에서 그분의 영광을 본다.

당신은 이제 이해할 수 있을 것이다. 하나님은 그리스도인들에게만 특별히, 복음에 감사하는 찬양으로 그분을 찬미할 수 있는 기회를 허락하셨다. 참된 예배자들은 그 기회를 놓치고 싶어 하지 않는다.

경건한 말로

우리는 매순간 입을 열 때마다 경배의 말들을 할 것이다. 예수가 바리새인들에게 말씀하신 것처럼 '마음에 가득한 것을 입으로 말하기'(마 12:34) 때문이다. 우리의 마음이 항상 무언가를 찬미하고 있다면 당연히 우리의 말은 어떤 순간에도 그 마음이 숭배하고 있는 것을 반영한다.

격려의 말들은 다른 이들의 삶 속에 하나님이 일하고 계시다는 것을 가리킴으로써 하나님을 찬미한다. 진실한 말들은 거짓을 말씀하지 않는 하나님께 영광을 드린다. 죄의 고백은 우리에 대한 하나님의 평가에 동의한다는 표시이자, 우리의 죄가 그리스도 안에서 용서 받았음에 대한 감사의 표현이다.

반면에 텔레비전 시청을 방해한다는 이유로 아이들에게 화를 낸다면 이는 관대하라는 하나님의 말씀(딛 3:2)보다 자신의 편의를 숭상하는 것이다. 만일 내가 비난, 험담, 비방에 열중한다면 그것은 단지 남보다 나 자신을 높이는 일일 뿐만 아니라, 또한 하나님의 성령을 근심하게 하는 일이다(엡 4:29~30). 자극적인 성적 대화에 참여하고 있다면 경건하고 거룩하라(엡 5:4; 살전 4:7)는 하나님의 말씀보다 관능적인 자극에 대한 욕망을 숭상하는 것이다. 불평과 비교는 만족하라(딤전 6:8; 히 13:5)는 하나님의 말씀보다 자신의 욕심을 더 위에 두고 있음을 보여준다. 우리가 하는 모든 말이 예배이다.

우리의 말은, 심지어 블로그, 페이스북, 트위터나 문자로 공유하는 말조차 우리 자신의 것이 아니다. 우리가 살아있는 말씀에 주의를 기울인다면, 말씀 없이는 아무 말도 할 말이 없을 것이다.

은혜에 기반을 둔 섬김으로

은혜에 기반을 둔 섬김은 자기중심적인 것보다 이웃을 섬기는 것이 훨씬 큰 기쁨이며, 어느 누구도 예수처럼 우리를 섬긴 이가 없고, 예수보다 더 섬김을 받을 만한 사람이 없음을 나타내기 때문에 하나님을 찬미하는 것이 된다.

우리의 섬김이 자동적으로 하나님을 영화롭게 하는 것은 아니다. 우리는 얼마든지 나쁜 태도나 조급한 마음과 편의대로, 혹은 다른 사람의 관심을 끌기 위해 섬길 수도 있다. 하지만 참된 예배자들은 무엇보다 섬김의 동기가 자신에게 있지 않고 하나님의 선물임을 알고 있는 사람들이다. 하나님이 어떻게 우리를 예배할 수 있게 하셨는지를 묵상하면 우리의 섬김은 그리스도를 찬미하는 예배로 변화된다.

하나님은 우리의 받은바 능력으로 섬기라 하신다. "각각 은사를 받은 대로 하나님의 여러 가지 은혜를 맡은 선한 청지기 같이 서로 봉사하라"(벧전 4:10) 각각 은사를 받았다는 사실은 우리가 결코 단지 구경꾼의 신세에 있지 않음을 뜻한다. 하나님은 그분의 자녀된 각각의 사람을 통하여 당신의 아름다운 은혜를 나타내고 싶어 하신다.

하나님은 섬김을 열망하게 하신다. "너희 안에서 행하시는 이는 하나님이시니 자기의 기쁘신 뜻을 위하여 너희에게 소원을 두고 행하게 하시나니"(빌 2:13) 우리의 섬김의 동기가 하나님이라는 사실을 알면 섬김의 특징은 기쁨과 신뢰가 되겠지만, 섬김이 과제가 되어 버리면 기쁘지도 편하지도 않을 것이다. 우리는 쓰레기를 내다버리는 일, 기저귀를 갈아주거나 병든 친구를 문안하는 일을 귀찮아하기보다 특권으로 여기게 될 것이다.

하나님은 섬기는 힘을 주신다. 바울은 어느 한순간 자신의 사역을 평가하면서 "내가 모든 사도보다 더 많이 수고하였으나 내가 한 것이 아니요, 오직 나와 함께하신 하나님의 은혜로라"(고전 15:10)고 말했다. 바울의 열정적인 섬김이 하나님께 영광을 드릴 수 있었던 것은 그가 자신의 힘으로 그렇게 한 것이 아님을 알았기 때문이다. 즉 자신의 공으로 돌리지 않았던 것이다.

하나님은 예수를 섬김의 최고의 본보기로 보여주셨다. 예수는 하나님이셨지만, "하나님과 동등됨을 취할 것으로 여기지 아니하셨고, 오히려 자기를 비워 종의 형체를 가지셨으며, 사람들과 같이 되셨고, 사람의 모양으로 나타나 자기를 낮추시고 죽기까지 복종하셨을 뿐 아니라, 심지어 십자가에서 죽으셨다"(빌 2:6~8). 예수는 우리를 그의 신부로 맞이하며(계 21:9), 우리의 발을 씻기심으로(요 13:3~5), 우리를 친구로 부르시고(요 15:15), 그분의 형제와 자매로 받아들이심(롬 8:29)[9]으로 종의 모습을 나타내 보이셨다. 그분은 단지 우리를 섬기기만 한 것이 아니다. 우리를 구원하셨다. 그리하여 우리 모두가 이웃을 섬기는 일에 보다 큰 열심을 갖게 하셨다.

신실한 증언으로

우물가의 여인이 가장 먼저 하고 싶었던 일은 마을로 돌아가 그녀의 친구들에게 예수에 대해 말해주는 것이었다. 이는 뭔가 정말 깜짝 놀랄만한 어떤 것을 발견하면 가장 먼저 하고 싶은 일일 것이다. 그리스도인들에게 유일한 차이점은 정말 깜짝 놀랄만한 이가 우리를 '발견하셨다'는 것인데, 여하튼 우리도 그 소식을 비밀로 하기가 무척 어렵다는 것이다.

보통의 평범한 대화 속에서 입술을 꽉 다물고 있는 사람들이 있다. 하지만 자신이 좋아하는 스포츠, 텔레비전쇼, 취미, 혹은 밴드에 대해 말하기 시작하면 입이 가벼워진다. 열정적으로 끊임없이 말을 쏟아내는 것이다. 우리는 가장 깊이 매료된 것에 대해 이야기한다. 이것이 복음전도와 예배 사이에 차이가 없는 이유이다. 복음전도, 즉 이웃들에게 복음의 좋은 소식을 이야기하는 것은 단순하게는 하나님을 모르는 사람들 앞에서 하나님을 찬양하는 것이다.

"주여 내가 만민 중에서 주께 감사하오며 뭇 나라 중에서 주를 찬송하리이다"(시 57:9)

하나님은 우리가 주일날 아침에 다른 그리스도인들과 함께 그분을 찬미하고, 나머지 날들은 조용히 침묵하기를 결코 바라지 않으신다. 참된 예배자들은 사마리아 여인과 마찬가지로 가만히 있을 수 없다. "내가 행한 모든 일을 내게 말한 사람을 와서 보라"(요 4:29).

복음을 절대 떠나지 않음으로

지금까지 언급했던 일, 더군다나 언급하지 않은 일까지도 모두 우리 스스로의 힘으로는 할 수 없다. 매일 눈을 뜰 때마다 남은 인생을 스스로 할 수 있는 모든 방식으로 하나님을 찬미하려고 한다면 실패할 것이다. 우리의 기도는 이기적인 동기들로 얼룩질 것이며, 우리의 순종은 불완전하고, 우리의 죄는 더 많아질 것이다. 하지 말아야 할 것을 하고, 해야 할 일은 미완으로 남겨질 것이다.

우리는 이야기의 처음도, 나중도 아니다. 따라서 하나님이 그분을 찬양할 수 있도록 우리를 초대하시는 이상, 우리를 있는 그대로 내버려두지 않으신다. 하나님은 우리에게 그분의 말씀을 완전히 성취하신 예수를 알려주신다. 왜냐하면 우리가 하나님을 예배하려면 하나님이 필요하기 때문이다.

그렇다고 복음이 수고하지 않아도 된다는 뜻은 아니다. 참된 예배자들은 전심전력을 다하여 하나님을 찬미하려는 사람들이다. 우리는 그리스도인의 덕을 자라게 하고, 하나님의 영광을 위한 열매가 되기 위해 모든 노력을 다해야 한다(벧후 1:5~8). 하지만 하나님의 자녀가 되게 하는 것은 우리의 수고가 아니다. 우리의 수고는 하나님이 복음을 통해 우리에게 가져다주신 것을 알리는 신호일 뿐이다. 우리가 하나님을 찬미하려는 이유는 감히 형언할 수 없는 구원의 선물을 받았기 때문이다.

복음은 우리의 삶으로 언제나 하나님을 찬양하고자 하는 소망을 갖게 하는 가장 큰 격려다. 예수는 우리가 결코 할 수 없는 완전한 순종의 삶을 사셨고, 그 삶은 이제 우리에게 인정되었다. 그분은 우리를 하나님과 화해시키시기 위해 우리 대신 하나님의 진노를 견뎌내셨다. 아버지는 예수를 부활케 하심으로 그의 대속을 받아들이시고, 언젠가 우리도 죽음에서 생명으로 일으켜질 것임을 확증하셨다.

낙심될 때 복음은 우리가 용서받았음을 상기시킨다. 기꺼이 하나님을 영화롭게 하면 복음은 우리에게 감사를 드리게 한다. 우리는 하나님이 우리를 위해, 더구나 우리가 태어나기도 전에 계획하신 선한 일을 수행하실 것이다(엡 2:10).

복음은 매순간 모든 면에서 하나님의 위대한 이름을 찬양케 한다. 다음 장에서 알게 되겠지만, 하나님은 단지 각 개인들을 위해서만이 아니라 우리들 전체를 위해서도 일하고자 하신다.

04
모여 예배함

"모이기를 폐하는 어떤 사람들의 습관과 같이 하지 말고
오직 권하여 그날이 가까움을 볼수록 더욱 그리하자" (히 10:25)

주일날 아침 9시 8분. 스티브와 샌디는 예배에 늦지 않으려고 세 명의 자녀들을 데리고 미친 듯이 집을 나섰다. 차로 15분 조금 넘게 걸린다. 전부 녹색 신호만 계속된다면 말이다. 이날 아침에는 특별히 전부는 아니고 딱 한 번 빨간 불에 걸렸다.

9시 28분, 스티브는 약간 짜증이 난 채로 주차장 부지 한편에 도착해서 급히 건물로 뛰어들어갔다. 문에 들어서면서 그들은 회중의 찬송소리를 들었지만 먼저 아이들을 주일학교에 맡겨야 했다.

마침내 예배자리에 들어서서 뒷줄에 앉았다. 세 번째 찬송이 끝나가는 동안 목사님이 드려진 헌금을 받아 기도하기 위해 강단에 올라섰다. 그는 몇 가지 소식을 전하고, 특별 찬양을 소개한 다음, 계속해서 빌립

보서 연속 강해를 시작했다. 스티브는 집중하려고 했지만 잘 되지 않았다. 그는 그날 오후 경기를 보러 올 두 친구 생각만 하고 있었다. 샌디는 그 아이들을 먹일 간식이 충분한지 고민하고 있었다. 폐회 찬송이 끝나자 스티브와 샌디는 다시 움직였다. 아직 어린 둘째와 셋째가 낮잠을 잘 수 있도록 간단한 점심을 먹이기 위해 애들을 데리고 서둘러 집으로 돌아왔다.

이 시나리오와 같거나 혹은 이와 유사한 일들이 매주 수백, 수천 번 반복된다. 어쩌면 당신도 그럴는지 모른다. 나도 그럴 수 있다. 주일 아침에는 이미 꽉 짜여 있는 압도적인 일정에다 한 가지 활동이 더해진다.

그럴 바엔 차라리 집에 있는 게 더 편하지 않을까? 무엇보다 그리스도인들은 성경을 읽고, 하나님을 찬미하는 모든 일들을 아무도 없이도 혼자서 할 수 있다. 게다가 그것은 참된 예배자들이 월요일부터 토요일까지 하는 일이지 않은가?

하지만 그 다음 주일은 다시 돌아온다. 매주. 솔직히 주일이 오지 않았으면 하고 바라는 주간도 있을 것이다. 주일은 잘 모르는 사람들, 일부는 전혀 모른다고 할 수 있는 사람들과 한두 시간을 보내기 위해 일찍 일어나야 하는 날을 의미한다. 교회에는 언제나 불평할 것들이 있는 데다가 당신이 어린 자녀를 둔 부모이거나 친구들과 토요일 밤 늦게까지 밤샘했던 학생, 혹은 한 주 내내 타지에 있는 사업가라면 "혼자서 예배하라."는 말이 매우 호소력 있게 들릴 것이다.

그러나 참된 예배자들은 모인다. 그들은 다음과 같이 말하는 시편기자의 마음을 이해한다.

> "할렐루야! 내가 정직한 자들의 모임과 회중 가운데에서 전심으로 여호와께 감사하리로다"(시 111:1)

회중 속에서 하나님께 감사하고, 하나님을 찬양하는 일은 좋은 생각 그 이상이다. 참된 예배자들은 이 일을 위해서 창조되었으며, 또한 하나님이 지상에서 하고 계신 주된 일이기도 하다.

우리가 모이지 않으면 함께하는 모임의 유익함뿐만 아니라 역사를 잊어버릴 수 있다. 이를 살펴보자.

회중

처음부터 하나님은 말뿐 아니라 삶의 증언으로 하나님의 이름의 위대하심을 선포할 사람들을 원하셨다. 목회자이자 교수인 이안 더귀드는 이렇게 말했다. "심지어 태초부터 예배는 혼자만의 사건이 아닌 공동의 사건이었다. 하나님의 형상을 입은 아담과 하와는 지상에서 하나님을 대리하는 자들로 하나님을 함께 경배하고 예배하며 섬기기 위해 창조되었다."[1]

아담과 하와는 하나님이 자신을 위해 마침내 지상의 모든 민족으로부터 구원하실 공동체의 한 유형이 있다. 하나님은 단지 '나와 하나님'만의 예배를 결코 바라지 않으신다. 이는 우리의 예배가 아버지와 아들과 성령의 항상 기뻐하시는 관계에서 나왔기 때문이다.

하나님은 혼자뿐인 하나님이 아니시다. 하나님은 한 분이시지만, 영원부터 세 인격으로 존재하신다. 아버지와 아들과 성령은 언제나 관계의 깊이와 사랑을 함께 주고받고, 공유하는 삼위일체의 기쁨을 경험하시며, 이는 인간관계에도 비슷하게 반영된다.

하나님은 그분이 삼위일체 안에서 행하신 것과 같은 동료의식, 상호적 사랑의 기쁨을 경험할 수 있도록 은혜로 우리를 구원하신다. 하나님은 "사람이 혼자 사는 것이 좋지 아니하다"(창 2:18)고 말씀하신다. 이 말씀 속에는 우리에게 관계가 필요하다는 것뿐만 아니라 공동체 안에서 영광을 받으시려는 하나님의 열망이 나타나 있다. 하나님은 결코 우리가 서로 고립된 채로 살아가길 바라지 않으신다.

시내 산에서 하나님은 이스라엘 백성들을 부르시고 "제사장 나라가 되며 거룩한 백성이 되리라"(출 19:6)고 하셨다. 하나님은 개인이나 일가의 헌신을 기대하시는 한편, 유대력에는 하나님의 백성들이 모여서 그분의 선하심을 찬양하고 그분의 백성들과 맺으신 언약을 갱신하는 연례행사들을 표시하셨다.

이런 단체적인 이미지들은 신약성경에서 더욱 명확해진다. 바울은 교회를 '살아 계신 하나님의 성전'(고후 6:16)이라고 했다. 다른 곳에서는 우리를 '하나님의 밭, 하나님의 집'(고전 3:9)과 관련지었다. 에베소서 2장에서는 교회를 '터와 모퉁잇돌 위에 세운 집이자, 하나님이 거주하시는 거룩한 성전이 되기 위해 함께 결합된 건물'(엡 2:19~21)이라고 했다. 베드로는 출애굽기의 내용을 반영하여 교회를 '택하신 족속이요, 왕 같은 제사장들이요, 거룩한 나라요, 그의 소유가 된 백성'(벧전 2:9)이라고 했다. 이러한 구절들은 하나님이 가족의 의미를 교회 내의 모임이나 교회 바깥에서의 삶에서 함께 살아가는 것에 두고 계심을 보여준다.

우리는 신약성경에서 구체화된 모습을 볼 수 있다. 초대교회는 빵을 함께 나누었으며, 함께 기도했고, 함께 배우며, 함께 물건을 공유하고, 함께 고통당하며, 함께 성전에 나아가고, 함께 복음을 나누었다(행 2:42, 46; 4:32; 5:41~42).

결론적으로 하나님은 우리에게 교회의 일원이 될지 말지에 대한 선택권을 주시지 않으셨다. 그리스도인이라면 우리는 이미 가족의 일원이다. 세부적인 가족생활을 어디서 어떻게 실행하는가는 다음 문제다.

예배하는 공동체의 유익

성경과 교회의 역사는 거의 모든 교회 집회의 일부가 되는 특정 행위들을 확인해 주고 있다. 찬송하고, 기도하고, 헌금을 드리며, 신앙을 고백하고, 서로 교제하고, 가르치고, 권고하며, 영적 은사를 실천하고, 선포되고 가르쳐진 하나님의 말씀을 듣고, 성례전에 참여하는 등등의 일들 말이다.

이런 일들의 대부분은 혼자서도 할 수 있겠지만, 함께할 때 더 큰 유익을 얻는다. 여기 몇 가지 근거가 있다.

복음을 기억하고 다시 진술한다

로버트 로빈슨은 그의 유명한 찬송 '복의 근원 강림하사'에서 자신이 '방황하기 쉬운' 존재였음을 고백했다. 우리가 복음에 의지하기보다 방황할 경향이 크다는 사실은 틀림없다. 또한 교회의 모임을 소홀히 하면 더 빨리 방황하게 될 것이다.

브라이언 채플은 그의 역작 〈그리스도 중심적 예배Christ-centered Worship〉에서 "회중 예배는 더도, 덜도 아닌 하나님의 영광과 그의 백성들의 행복을 위해 하나님과 그의 백성들의 면전에서 이루어지는 복음의 표현"[2]이라고 했다. 구원받은 성도로서 함께 모여 서로서로 우리가 누구의 소유인지, 어떻게 여기에 있게 되었는지, 그것이 왜 중요한지를 일깨운다.

하나님의 구원의 역사를 기억하고 재진술하는 것은 구약성경에 뿌리를 두고 있다. 특별히 시편은 애굽의 속박으로부터 당신의 백성을 인도하시는 하나님에 대해 반복적으로 기술한다.[3] 신약성경에서 우리는 그리스도를 통해 죄에 속박으로부터 인도하시는 하나님의 위대하심을 찬양한다. 예수는 우리가 만날 때마다 자신의 죽음을 계속해서 기억하는 방법으로 성만찬을 허락하셨다(고전 11:23~26). 바울은 우리 안에 '그리스도의 말씀', 즉 복음이 풍성히 거하여 우리가 찬송하게 된다고 했다(골 3:16). 또 복음이 가장 중요하다는 것을 고린도의 교인들에게 일깨운다(고전 15:1~4). 구약성경과 신약성경 모두에서 하나님은 우리가 그분과의 관계를 잊지 않도록 하시기 위해, 또는 하나님이 그러한 관계를 세우려 했음을 잊지 않도록 그분의 백성을 모으신다.

만일 당신이 매주 이러한 전례를 따르는 교회에 다닌다면 아마도 하나님에 대한 경배로 시작해서 죄의 고백, 그리스도의 대속적 죽음을 통한 용서의 확인으로 이어지는 진행과정을 알고 있을 것이다. 즉 그것은 우리에게 복음을 일깨우는 것이다. 초대교회 이래로 이러한 전통은 복음의 진리를 가르치고 보호하도록 의도되었다. 전례를 답습하는 것이 세부적인 면에서 다양해지고, 의식 없이 실행될 수도 있지만 복음의 역사적 개요와 그에 대한 우리의 응답이라는 구조를 반영하고 있다.

복음을 다시 고백하고 기억하기 위해 모이는 것은 이러한 유혹에 대처하기 위해서다. 우리는 비난을 받을 때에는 그 무게에 짓눌려 발버둥친다. 하나님이 우리를 사랑하시는지 의심한다. 그리고 잘하고 있는 어떤 일이 있을 경우에는 우쭐해진다. 거룩하신 하나님의 시각과 그분이 우리를 용서하시기 위해 대가를 지불하셨다는 것을 잊어버린다.

복음은 이러한 모든 상황은 물론 그보다 더한 것들에 대해서 말하고 있다. 우리의 모든 죄를 위해 예수 그리스도가 값을 치르셨다. 우리는 결코 그리스도 안에 있는 하나님의 사랑으로부터 분리될 수 없다. 우리의 유일한 자랑은 우리의 업적이 아니라 그리스도의 십자가다(롬 8:38~39;

갈 6:14; 엡 1:7). 복음은 지친 영혼을 위한 무한한 자원으로 그들을 격려하고, 힘을 주며, 위로하고, 자극한다. 이것이 우리가 복음을 기억하기 위해 모이는 이유다.

함께 하나님의 말씀을 받는다

성경 전반에 걸쳐 하나님은 말씀하시기 위해 그의 백성들을 모으셨다(출 19:7; 왕하 23:1~3; 느 8:1). 하나님의 부르심을 받은 목사와 교사들이 신자들을 그들의 보호 아래 양성하고 교육함에 있어 설교가 초대교회 모임의 중심이 되었다(행 20:28; 엡 4:11~12; 딤후 4:2).

디모데전서 5장에서 바울은 목회자들에 대해 '말씀과 가르침에 수고하는 자들'(5:17)이라고 했다. 모든 장로들은 가르칠 수 있어야 하고(3:2), 하나님은 특정한 사람들에게 은사를 주셔서 교회의 정황 속에서 하나님의 사람들을 그의 말씀으로 가르치고, 인도하며, 보호하고, 양육하게 하신다. 그들은 고무적인 말로 성도들에게 동기부여를 하는 연설가들이 아니다. 그들은 성도들에게 목회 사역을 익히게 하고, 마지막 심판 때에 그들의 설교를 들었던 사람들에 대해 하나님 앞에서 모든 것을 진술하게 될 것이다(엡 4:11~12; 히 13:17). 그들의 설교를 들으러 우리가 전혀 모이지 않는다면 어떻게 그들이 우리에게 이야기할 수 있겠는가?

하나님의 말씀을 듣기 위해 교회들이 한꺼번에 한 장소에 모이게 된다면 아마도 그것은 유일무이한 사건이 될 것이다. 하나님은 직접 우리를 그분의 백성으로 부르신다. 동시에 성령은 우리의 마음에 확신과 위로, 깨달음과 훈계로 역사하신다. 그리하여 우리를 지체로서뿐 아니라 몸 된 교회로서도 강하게 한다. 우리가 놓친 설교나 심지어 우리가 출석하지 않는 교회의 설교를 다운로드 받을 수 있다는 것은 하나님의 은혜이다. 하지만 그러한 기회들 중 어떠한 것도 하나님의 말씀에 대한 설교를 함께 듣는 것만큼 직접적으로 우리의 연합을 강하게 하는 것은 없다. 우리는 직접 말씀을 들을 수 있는 기회에 대해 하나님께 감사드려야 한다. 나아가서 우리는 교회에서 말씀을 들을 수 있다는 것에 대해 감사해야 한다.

상호적인 섬김과 돌봄이 있다

매주일 나는 교회의 성도들이 나를 돕는 다양한 방법들에 감탄한다. 어떤 이는 일찍 와서 장비들을 점검한다. 일부는 헌금 위원과 친교 위원으로 섬긴다. 몇몇 여성들은 젖먹이 아기들을 둔 엄마들을 신실하게 섬긴다. 우리 교회에는 주일학교 교사들과 찬양대원들, 방송 기술진들과 비디오 제작자들, 영상 기사들과 기악 연주자들, 영접위원들과 운전기사들 등등이 있다. 나는 매주 그들의 솔선수범에서 힘을 얻는다.

그것은 확실히 일어나야 할 일이다. 히브리서의 저자는 우리에게 모여서 "서로 돌아보아 사랑과 선행을 격려하라"(히 10:24)고 말한다. 나는 하나님이 교회의 여러 성도들에게 주신 서로 다른 장점과 재능 및 능력의 덕으로 격려를 받는다. 나는 정기적으로 이런 격려를 받는 것이 필요하다. 당신도 그럴 것이다.

모든 그리스도인들은 그들이 속한 교회를 어떤 식으로든 섬길 수 있는 은사를 선물로 받았다(고전 12:4~7; 벧전 4:10). 물론 그러한 섬김은 주일 아침 외에도 생길 수 있고, 생겨야 한다. 그러나 우리가 함께 만나지 않으면, 서로를 섬길 기회는 제한된다.

회중 모임은 우리가 기뻐하는 복음을 통해 계획되었든지, 즉흥적인 것이든지 하나님의 은혜를 받거나, 표현할 풍성한 기회를 제공한다.

하나님의 임재를 더 크게 인식한다

성경에서 하나님은 그의 존재를 나타내시기 위해 뚜렷하고 독특한 방식으로 특정한 시간과 장소를 택하신다. 그러한 시간들 중 하나는 교회에 모일 때이다.

최근 성령이 역사한 곳이 어딘지를 인터넷에서 검색할 필요는 없다. 성령의 체험이나 현상을 쫓아다닐 필요도 없다. 왜냐하면 성령은 이미 우리가 교회로 모이는 '바로 여기에' 계시겠다고 약속하셨기 때문이다.

이안 더귀드는 이렇게 기록하고 있다.

> "왜 우리는 음악과 설교가 영향을 훨씬 잘 미칠 수 있는 텔레비전 앞에서 예배할 수 없는가? 그 이유는 우리가 언약의 공동체로서 함께하는 새로운 성전이기 때문이다. 회중 예배에는 개별적인 예배에서는 나타나지 않는 무엇이 있는데, 그것은 하나님의 임재의 실제성을 보다 풍성하게 표현하는 것이다."[4]

어쩌면 우리가 '내 평생에 가는 길 순탄하여'라는 찬송을 부를 때, 혹은 나를 가득 채우고 있는 하나님의 돌보심과 주권을 새로이 깨달을 때 하나님 임재의 실제성에 대한 좀 더 완전한 표현을 경험할지 모른다. 목사가 설교할 때 특정한 부분에서 나의 죄를 깨달을 수도 있다. 누군가가 기도할 때 내가 직면하고 있는 힘겨운 상황들에 대해 성령으로 감화된 믿음으로 가슴이 뛸 수도 있을 것이다. 또 성만찬의 예식을 행할 때 나의 모든 죄가 그리스도의 피로 대속되었다는 환희에 사로잡힐지도 모른다. 모이는 교회에서는 이런 모든 것들이 '일상적'인 일들이다. 교회가 예수 그리스도 안에 있는 새로운 성전으로서, 현재 하나님의 임재를 접하게 되는 전형적인 장소이기 때문이다.

복음 안에서 우리의 연합을 나타낸다

한 주간 내내 (각 개인들로서) 흩어져 있는 교회 역시 여전히 교회다. 그러나 함께 모이는 것은 우리가 세상으로부터 구별되었으며, 복음 안에서 우리가 하나임을 실질적으로 드러내고 상기시키는 일이다. 우리가 세상으로부터 떨어져 나와 하나님께로 한데 모였음을 보여주는 것이다.

그리스도 안에서 하나가 되는 일은 같은 공간에서 정기적으로 모이는 것 이상이지만 그렇다고 그것을 빼고 말할 수는 없다. 찬송하고, 사도신경을 암송하며, 함께 성경을 읽는 일은 나 자신과 다른 사람들에게 내가 그저 아무렇게나 만든 벽돌이나 버려진 돌이 아닌 거룩한 성전의 일부임을 선포하는 일련의 방법들이다(엡 2:19~22). 목사이면서 신학자인

마크 디버는 "그리스도인들의 선포는 복음을 들을 수 있게 한다. 하지만 그리스도인들이 그들의 교회에서 함께하는 삶은 복음을 볼 수 있게 한다."(요 13:34~35을 보라)[5]고 했다.

이것이 교회에 출석하는 것이 컨퍼런스나 커다란 기독교 행사에 참석하는 일과는 구별되는 일이다. 하나님은 그러한 행사들을 통해서도 우리의 삶 속에 역사하실 수 있지만, 거기에는 지속적인 목회적 관리가 부족할 수밖에 없다. 그러한 행사의 참가자들은 함께 삶을 살아오지 않았거나 세부적인 교리적 차이를 함께 고민해오지 않았다. 거기에서의 하나 됨의 느낌은 일시적인 연합일 수도 있고, 심지어 잘못되었거나 거짓된 연합일 수도 있다.

우리 대부분은 본능적으로 자신과 많이 유사한 부류의 사람들과 함께 있고 싶어 한다. 같은 음악을 즐기거나 같은 식당에서 식사를 하고, 같은 가게에서 쇼핑을 한다. 하지만 하나님은 아무런 가시적인 매개점이나 유사성도 없는 사람들이 매주 기쁨으로 함께 만나는 것에서 영광을 받으신다. 그들 모두가 같아서가 아니라 복음이 그들을 함께하도록 한 것이다.

냉소적인 신자들은 종종 주일 아침의 교회에서보다 토요일 밤 바에서 더 많은 친교를 나눌 수 있다고 말한다. 올바른 응답은 바에서 더 많은 시간을 보낼 것이 아니라, 오직 복음 안에서 발견할 수 있는 사랑, 능력, 격려, 연합을 드러내는 유형의 교회가 되게 하는 것이다. 참된 예배자들은 하나님의 이름을 함께 찬미하기를 열망한다(시 34:3).

성례전을 함께 나눈다

우리가 모일 때 가시화되는 또 다른 복음의 하나되게 하는 능력은 세례와 성만찬의 성례전을 통해서다. 세례를 받으면서 사람들은 공개적으로 그리스도의 죽음, 장사 지냄, 그리고 부활과 일체감을 갖는다. 교회와의 연합을 표현함에 있어 가장 중요한 것은 그리스도와의 연합을 표현하는 것이다. 그리스도로 세례 받지 않은 사람은 누구든지 그의 몸으로도 세례를 받을 수 없다.

이는 새 신자에게 세례를 주는 것이 왜 가장 적합한지를 교회의 목회자와 기존의 다른 성도들에게 말해준다. 즉 하나님이 새로운 믿음의 식구를 더하셨음을 축하하는 한 방식인 것이다. 교회는 지상에서 그리스도의 임재를 실질적으로 대표하기 때문에 세례는 그 집으로 들어오는 전형적인 출입문이다.

마찬가지로 성찬을 나누는 것은 한 몸으로의 연합을 의미하고 확인하는 일이며, 하나님께 영광을 드리는 예배의 한 행위다. 또한 그것은 우리가 함께 믿음으로 그리스도와의 연합을 새로이 경험하는 특별한 순간이다. 바울은 고린도의 성도들에게 말하기를 "우리가 축복하는 바, 축복의 잔은 그리스도의 피에 참여함이 아니며 우리가 떼는 떡은 그리스도의 몸에 참여함이 아니냐? 떡이 하나요, 많은 우리가 한 몸이니 이는 우리가 다 한 떡에 참여함이라."(고전 10:16~17)고 했다. 이것이 우리가 각각 독립적으로 성찬에 참여하는 것이 말이 되지 않는 이유다. 성찬 communion 이라는 단어 자체가 그것이 어떤 참여인지를 알려준다. 즉 하나님과 더불어, 그리고 서로가 함께하는 공동의 참여인 것이다. 우리는 하나님과 화해했을 뿐 아니라 우리의 이웃들과도 화해했음을 기억해야 한다.

하나님의 영광을 더 크게 나타낸다

하나님의 고유한 영광은 결코 늘어나지도 줄어들지도 않는다. 그러나 그 영광은 우리가 그분을 예배하기 위해 함께 모일 때 더욱 뚜렷해진다. 우리가 함께 모여서 찬송, 기도, 섬김, 설교를 통해 하나님의 풍성하신 의를 노래할 때(시 145:7), 더 많은 사람들이 하나님이 찬송을 받으실만한 분이심을 알게 될 것이다.

신학자 도널드 윗트니는 이렇게 설명한다.

> "어느 축구팀이 전국 대회에서 승리했을 때, 그 장면을 개인적인 폐쇄회로 텔레비전으로 보는 당신 말고는 아무도 보지 않는 것보다 전 세계 수백만의 사람들이 함께 보게 된다면 더 큰 영광을 얻을 것이다. 공적인 영광은 명백히 사적인 영광보다 더 큰 영광을 가져온다. 마찬가지로 하나님은 우리가 혼자서 예배할 때보다 교회에서 더불어 예배할 때 더 큰 영광을 받으신다."[6]

이는 교회를 통하여 하나님의 광대하신 지혜를 알리는 것이다(엡 3:10). 하나님은 단순한 개인들이 아닌 그의 백성들을 통해 영광을 받으신다. 다윗은 그의 양떼를 지키는 동안 홀로 하나님과 교제했지만, 그럼에도 불구하고 다음과 같이 말했다.

> "내가 대회 중에서 주께 감사하며 많은 백성 중에서 주를 찬송하리이다"(시 35:18)

그는 들판의 한가운데서 시편을 짓는 것으로 혼자서 하나님의 영광을 지키려 하지 않았다. 다른 이들과 그것을 나누기를 소망했다.

오직 하나님을 영화롭게 하려는 목적으로 우리가 모이는 것만으로 하나님은 보다 큰 영광을 받으신다는 사실을 기억하는 것이 중요하다. 물론 우리가 모이는 그 시간에 복음을 명백히 선포하지도 않고, 소중히 여기지도 않는다면 하나님을 영화롭게 하지 못할 것이다. 만일 우리가 함께하는 시간에 말씀이 지배하고, 뜨겁고 충만하지 않으면 하나님께 영광을 드릴 수 없다. 모임에 참여하는 사람들이 서로 험담하거나 멸시하여 차라리 함께하지 않는 편이 낫다고 하면, 우리의 모임이 하나님께 영광을 드릴 수 없을 것이다. 실제로 바울은 그러한 명백한 이유 때문에 고린도 교인들을 책망했으며, 그래서 그들의 모임이 유익이 못되고 해롭다고 했다(고전 11:17).

그러나 우리의 모임이 하나님을 찬송하고, 기도하며, 하나님의 말씀을 읽고, 듣고, 순종하며, 노래로 찬양을 선포하고, 복음을 재 진술하고, 복음에 열중하며, 응답하는 것을 목적으로 한다면, 우리가 그러한 일들을 홀로 했을 때보다 훨씬 크게 하나님을 영화롭게 할 것이다.

이러한 유익들을 얻으려면

많은 성도들이 있는 교회에서 함께 모이므로 얻게 되는 이러한 유익함은 그에 대한 우리의 응답을 요구한다. 정말로 내가 하나님의 사람들을 만나는 일이 중요하고 가치가 있다고 생각한다면, 어떻게 변화되어야 할까?

첫째, 나는 교회에 늦지 않을 것이다. 주일 아침 내가 도착했을 때 내 마음의 평안을 확신하기 위해 토요일 밤에 조금 더 일찍 잠자리에 들 것이다. 어느 면에서든 모든 예배에는 하나님을 위해 일할 풍부한 기회가 있음을 알기에 나는 예배가 시작되기 전에 도착해서 늦게까지 머물려 할 것이다. 그런데 만일 당신이 항상 5분씩 늦는다면, 그건 당신이 도착하는 시간의 문제가 아니라 집에서 떠나는 시간의 문제다.

둘째, 나는 기도할 것이다. 나는 하나님의 사람들을 통해 하나님에 대해 듣고, 그분을 만나기 위해 기도할 것이다. 나는 나의 마음이 이웃들을 섬기고, 또 섬김을 받을 준비가 되어 있도록 기도할 것이다. 내가 아는 한 목사는 정기적으로 교인 주소록을 놓고 기도한다. 당신의 교회가 그렇게 하기에는 너무 크다고 할는지 모르지만 그렇다고 해서 그것이 우리가 지속적으로 어떤 성도들을 위해서나 특별히 인도자들을 위해 기도할 수 없다는 뜻은 아닐 것이다.

셋째, 나는 준비할 것이다. 일부 교회들은 그 다음주 주일의 설교 본문이나 찬송들을 미리 웹사이트에 게시한다. 이는 성도들에게 미리 성경구절을 읽고 묵상하며, 찬송들을 연습할 기회를 제공한다. 하지만 당신이 그런 것들을 미리 알지 못한다 해도, 교회에 오는 길에 당신이 기대하는 것에 대해 말하면서, 혹은 교회에서 만날 사람들을 생각하면서 차 안에서 찬송하거나 기도함으로써 준비할 수 있다.

넷째, 나는 받으려고 할 것이다. 우리가 받으려 하지 않으면 아무 것도 주시지 않을 것임이 자명하다. 이는 자기중심적인 기독교 신앙을 말하는 것이 아니다. 그것은 우리에게 다른 공급원이 없으며, 모든 것이 주에게서 나오고 주로 말미암고 주께로 돌아감을 인정하는 것이다(롬 11:35~36). 하나님은 권능과 자비, 믿음, 소망, 사랑을 가지사 그것을 성령의 능력 안에서 매주 복음을 통해 우리에게 나누어주고 싶어하신다. 그러므로 우리는 열린 손과 마음으로 나아가야 한다.

다섯째, 나는 섬기려 할 것이다. 회중 교회는 몇몇 사람들이 각광을 받고 나머지는 쳐다만 보는 관람하는 공연이 절대 아니다. 우리는 각 지체들이 각자의 분량대로 역사함으로써 세워진 그리스도의 몸이다(엡 4:16). 이에 대해서는 다음 장에서 좀 더 다룰 것이다.

여섯째, 나는 응답하려 할 것이다. 우리가 함께하는 모임 자체를 목적으로 안다면 핵심을 놓치게 된다. 우리가 노래하는 찬송, 우리가 듣는 설교, 우리가 나누는 친교는 참된 예배자로서 모두 하나님의 영광을 위한 삶으로 우리를 준비시키는 것이다. 베드로는 하나님의 백성으로서의 우리의 정체성을 강조한 직후에(벧전 2:9~10), 우리가 지역사회와 직장, 이웃들에게 갖는 영향력을 강조했다.

> "사랑하는 자들아 거류민과 나그네 같은 너희를 권하노니 영혼을 거슬러 싸우는 육체의 정욕을 제어하라. 너희가 이방인 중에서 행실을 선하게 가져 너희를 악행한다고 비방하는 자들로 하여금 너희 선한 일을 보고 오시는 날에 하나님께 영광을 돌리게 하려 함이라"(벧전 2:11~12)

함께 예배하는 것은 일주일의 나머지 기간에 대한 기대를 갖는 일이면서 또한 마찬가지로 준비를 하는 일이다. 교회에 모이고, 흩어지는 계속적인 반복 속에서 우리는 모든 인생들에게 하나님의 영광을 위해 살도록 힘을 주시는 하나님의 끊임없는 은혜를 발견한다.

예배를 소홀히 하지 말라

매주일 아침 교회에 가는 것보다 더 좋은 곳에 시간을 쓸 수 있다고 속삭이는 수많은 목소리가 있다. 잠을 좀 더 자라거나, 시험준비를 위해 벼락치기를 하라든지, 또는 골프를 치라든가, 밀린 집안일을 하라든지, 늦은 브런치를 즐기라든지 하는 등등 말이다.

그것들을 믿지 말라. 세상에는 하나님의 사람들의 모임과 완전히 똑같은 상황이나 모임이 존재하지 않는다. 하나님이 참된 예배자들을 위해 유일하게 계획하신 것은 그리스도 안에서 공동의 삶을 체험하고, 즐기며, 그럼으로써 세워지는 교회이다. 우리가 만나는 매시간, 하나님은 우리 가운데서 역사하시는 능력대로 우리가 구하거나 생각하는 것보다 더 큰 일을 행하실 것이다(엡 3:20).

평범한 주일은 없다. 단지 우리가 '그와 같은 형상으로 변화하여 영광에서 영광에 이르는'(고후 3:18) 것과 같은 주님의 영광을 바라볼 새로운 기회만이 있을 뿐이다.

하나님은 우리의 모임을 우리에게 힘을 주시는 은혜의 중요한 수단으로 생각하신다. 그러나 우리가 함께함으로써 얻게 되는 유익을 누리는 유일한 방법은 다른 이들에게서 하나님이 주신 선물을 받는 것이다. 다음 장에서 우리는 다른 이들에게 힘을 주시기 위해 하나님이 어떻게 우리의 은사를 사용하심으로 우리를 축복하시는지 탐구할 것이다.

05

다른 이들을 세우는 예배

"너희가 모일 때에 각각 찬송시도 있으며 가르치는 말씀도 있으며 계시도 있으며 방언도 있으며 통역함도 있나니 모든 것을 덕을 세우기 위하여 하라"(고전 14:26)

    몇 해 전, 나는 어느 기독교 음반 제작사의 잡지 광고를 본 기억이 있다. 그 광고에는 의자에 앉아 있는 30여 명의 여성들이 등장했다. 주변은 전혀 신경 쓰지 않고서 헤드폰을 쓴 채 음악에 심취해 있는 듯한 표정으로 눈을 감고서, 만족스런 미소를 띠고 있었다. 자막이 간단하게 표기되어 있었다. '예배'

    나는 그것을 볼 때마다 같은 인상을 받았다. '예배의 핵심은 모든 사람들과 사물들을 차단한 채 음악을 들으면서 오직 하나님께 집중하는 것과 관계가 있다.' 이것이 그 광고가 전달하고자 했던 의도였는지, 아닌지는 알 수 없다. 그러나 그것이 성경이 전하려는 본뜻이 아님은 알고 있다.

바로 앞장에서 우리는 구원 받은 공동체의 일원으로서 하나님을 예배하는 것이 얼마나 헤아릴 수 없는 유익을 가져다주는지 확인했다. 우리가 서로를 만날 때 또한 하나님을 만난다. 우리는 다른 사람들을 차단하거나 회피하지 않는다. 그들은 우리가 하나님으로부터 받는 주된 통로이다.

이 장에서는 하나님이 다른 이들을 위해 우리에게 허락하신 은혜의 수단들을 주목하고자 한다. 사실 예배는 궁극적으로 하나님에 관한 것이지만 우리가 하나님을 예배하는 가장 중요한 방법 중 하나는 다른 이들을 몸의 지체로 세우는 일이다. 목사이자, 작가인 브라이언 채플은 이러한 사실을 좀 더 분명히 했다.

> "하나님을 경배하는 것이 예배의 유일한 목적이라는 말은 매우 경건하게 들리지만, 실상은 복음을 최우선시하는 성경 자체를 제대로 보지 못하는 것이다. 하나님이 우리 예배에서 가장 중요한 분이시라는 것은 명백한 사실이다. 그러나 하나님이 당신의 백성들이 누릴 유익에 대해 관심을 갖지 않으신다면, 그분의 영광은 경감될 것이다. 하나님은 우리에게 그분의 이름을 찬송하는 것(시 30:4)뿐만 아니라 예배 속에서 서로 가르치고, 권고하며, 격려할 것을 기대하신다(골 3:16; 히 10:24)."[1]

하나님은 결코 당신의 백성들의 유익에 관심을 갖는 유일한 분이 되고 싶어 하지 않으신다. 그분은 우리들과 함께하시기를 원하신다.

동전의 양면

다른 이들에게 관심을 갖는다는 것은 1세기의 고린도 교인들이 보기에는 확실히 이상한 생각이었다. 그들은 바울에게 '영적인 일'에 대해 묻는 편지를 썼다. 일부 고린도 교회의 교인들은 개인적인 황홀경에 빠졌으며, 치유와 기적에 대한 자부심을 갖거나, 알 수 없는 언어로 하나님께 떠들기도 했다. 그들은 구제나 행정 같은 조금은 세속적인 재능들을 멸시했다. 그래서 그들은 바울이 이 뜨거운 문제, 즉 누가 정말 영적인 사람인가에 대한 판단을 내려주길 바랐다.

고린도전서 12~14장에 나와 있는 바울의 대답은 고린도 교인들이 얼마나 심하게 핵심을 잘못 짚었는지를 보여준다. 하나님을 만나러 교회로 모일 때, 바울은 실질적으로 하나님을 영화롭게 하는 일은 서로서로에게 관심을 두는 것이라고 말했다. 이것이 바울이 우리가 모이는 목적을 설명하면서 예배라는 단어가 아닌 '덕'이라는 단어를 사용한 이유이다.

덕을 함양시키는 것to edify은 세우는 것to build up을 의미한다. 덕은 다양한 도구를 통해 생겨날 수 있지만 그 결과는 언제나 같다. 덕은 사람들에게 힘과 용기와 도움을 준다. 예배와 덕은 동전의 양면이다. 우리가 다른 사람들의 유익을 위하여 섬기면 하나님께 영광을 가져다 드릴 것이다. 또 찬송과 기도와 감사의 표현을 통해 하나님을 찬미하면 우리

주변의 사람들을 세우게 될 것이다. 적어도 하나님은 그러한 일들이 역사하게 하신다.

우리는 일반적으로 덕을 음악가나 목사와 같이 대중적으로 섬기는 사람들의 책임으로 생각한다. '그들은 우리에게 덕을 함양시켜야 한다.' 우리의 말에서 이러한 태도가 드러난다. "오늘 설교는 좀 긴 것 같아." "오늘 아침 솔리스트의 연주는 훌륭했어." "내가 아는 찬송을 좀 노래했으면 좋았을 텐데." "난 정말 목사님의 기도 방식이 좋아." "밴드가 좀 이상한 걸." 우리는 자신이 아닌 다른 이들의 행동에 기초하여 함께하는 시간의 질을 평가한다.

그러나 하나님은 우리가 어떻게 섬길 수 있는가를 구하면서 모임에 나아오기를 바라신다. "각 사람에게 성령을 나타내심은 유익하게 하려 하심이라"(고전 12:7). "교회의 덕을 세우기 위하여 영적인 것이 풍성하기를 구하라"(고전 14:12). "모든 것을 덕을 세우기 위하여 하라"(고전 14:26).

하나님을 찬미하는 것이 이웃들을 섬기는 일을 포함한다는 생각은 우리의 소비지향적, 자기중심적 문화의 성격과는 반대된다. 이는 특히나 사고적인 면에 있어서 매우 개인주의적이었던 고린도 교인들의 사고방식이 분명 아니었다. 바울은 그 답변에서 하나님을 찬미하는 방법으로 서로 덕을 추구하는 데 도움이 될 수 있는 네 가지 주요 사항을 설명했다. 그것들은 1세기에서와 마찬가지로 오늘날에도 충분히 의미가 있다.[2]

다양성

바울은 우리가 모일 때 하나님이 다양한 방식으로 그분을 찬미하기 바라신다는 사실을 분명히 함으로써 시작한다. 다양한 은사와 다양한 종류의 섬김, 그리고 다양한 행위들이 있으며 모든 것은 삼위일체 하나님에게서 주어진 것이다(고전 12:4~6).

우리들 중 일부는 우리의 헌신이 별로 중요하지 않다는 생각에 미혹된다. 더 큰 은사를 받은 사람들과 비교하고는 자신을 마치 패자처럼 생각한다. 혹은 최소한 불필요한 참가자라고 생각한다. 그래서 우리의 재능을 교회가 필요로 하지 않는다고 여겨서 우리는 정신적으로, 정서적으로, 또는 관계적으로 표류한다. 이러한 관점은 쉽게 자기 연민으로 변형된다.

바울은 자신이 불필요하다고 생각하는 사람들에게 다음과 같은 말들로 설교한다. "만일 발이 이르되 나는 손이 아니니 몸에 붙지 아니하였다 할지라도 이로써 몸에 붙지 아니한 것이 아니요"(고전 12:15) 발과 손에는 중요한 차이가 존재한다. 발은 걷게 하고, 더러워지며, 신발이나 양말 아래 감추어져 있고, 고약한 냄새가 난다. 손은 중요한 일들을 한다. 우리는 손으로 건물을 짓고, 악기를 연주하며, 공을 잡거나 친구를 위로한다. 누군가에게 인사를 건넬 때 내미는 것은 무엇인가? 손이다. 훌륭한 예술작품을 만들거나, 연애편지를 쓰고, 음식을 만들 때 사용하는 것은 무엇인가? 바로 손이다.

발의 사람들은 손의 사람들 주위를 방황하다 낙담할 수 있다. 그러나 발을 몸의 지엽적인 것으로 생각한다면, 당신의 발목이 염좌에 걸리거나 발가락이 골절될 때까지 기다려보라. 갑자기 당신의 발은 매우 중요하게 여겨질 것이다. 당신은 발 없이 손이 아무데도 갈 수 없다는 사실을 깨닫는다. 우리의 손과 발은 모두 중요하다.

바울은 또 다른 비유를 통해서 같은 이야기를 전달한다. "또 귀가 이르되 나는 눈이 아니니 몸에 붙지 아니하였다 할지라도 이로써 몸에 붙지 아니한 것이 아니니"(고전 12:16) 하지만 바울은 온몸이 눈이라면 그것은 재앙일 것이라고 말한다. 우리는 아마 많은 것을 보겠지만 아무런 차이를 만들 수도 없이 바닥에 굴러다닐 것이다.

당신은 어떤 은사를 '눈'이나 '손'으로 보는가? 어떤 이에게 그것은 목사일 것이다. 또 일부에게는 주일 아침의 음악가 중 하나일 것이다. 어쩌면 당신은 집사나 안내부장이 되는 것을 생각할 수도 있다. 나는 모르지만.

그러나 내가 아는 것은 하나님이 다양한 사람들에게, 다양한 방식으로 은사를 주신다는 것과 모든 은사는 그분의 영광을 위해 중요하다는 사실이다. 하나님은 특별한 목적으로 당신을 창조하셨다. 당신이 원하는 방식으로 섬기지 못할 수는 있겠지만, 하나님이 어딘가에 봉사할 수 있는 은사를 당신에게 주셨다는 사실은 의문의 여지가 없다.

이것이 바울이 18절에서 "하나님이 그 원하시는 대로 지체를 각각 몸에 두셨다"고 말한 이유이다. 즉 이것은 우리가 아닌 하나님의 설계시다. 우리의 일체성은 하나님이 우리를 만드신 다양한 방식에 감사함으로써 강화되고 발휘된다.

교회 안에는 은사를 받지 않았거나, 없어도 되는 사람은 존재하지 않는다. 그리스도의 몸을 이루는 모든 지체와 교회의 모든 구성원들은 영국의 목회자 데이비드 프라이어의 표현대로 하자면, '독특하고, 특색 있으며, 대체할 수 없고, 두 번 다시없는' 존재들이다.[3] 몸의 어떤 일부분이라도 잃어버리고 기뻐할 수 없는 것처럼, 교회 안에는 하나님의 계획 가운데 목적이 없는 이는 아무도 없다.

하지만 특정한 은사로 사람들이 교만해진다면 어떤 일이 일어날까? 일부의 사람들이 자기 연민과 씨름하면서 "나는 정말 불필요한 사람이야."라고 말하는 동안, 다른 일부의 사람들은 자만에 빠지는 경향이 있으며 결국 자기들만이 꼭 필요한 사람들이라고 여기게 된다. 그들 자신을 다른 이들과 비교하면서 자기들이 최고라고 생각한다. 그래서 바울은 다음의 사실을 깨닫게 했다. "눈이 손더러 내가 너를 쓸 데가 없다 하거나, 또한 머리가 발더러 내가 너를 쓸 데가 없다 하지 못하리라"(고전 12:21)

여기 '눈'과 '머리'는 문자적으로 섬김의 역할을 하는 '손'과 '발'을 멸시하는 지도자급의, 혹은 중요한 역할을 하는 사람들을 나타낸다. 중요한 지위에 있는 사람들이 미혹되기 쉬운 것은 자신들의 헌신만이 충분하고, 유일하며, 훨씬 더 좋다는 생각이다. 그들은 다른 지체들이나 구성원들이 자기들만큼 필요한 것은 아니라고 생각한다.

그러한 태도는 하나님을 불쾌하시게 한다. 하나님은 우리가 다른 사람들의 은사를 경멸하거나, 무시하지 않고, 혹은 그들이 없었으면 하는 소망 대신 그들의 은사를 통해 즐거움과 유익, 둘 다 얻기를 바라신다. 신약성경 학자, 데이비드 갈랜드는 고린도전서를 주석하면서 이렇게 기록했다. "공동체가 적절하게 기능하려면 남들보다 화려한 은사를 뽐내는 사람들만큼이나 믿을 수 없게 일반적이고 평범한 은사를 가진 사람들도 필요하다. 모든 은사는 동등한 가치를 지닌다."4

즉 교회는 가르치거나 찬송을 인도하는 일과 같은 두, 세 가지의 대중적인 은사를 세우도록, 혹은 그것들을 중심으로 구축되도록 계획되지 않았다. 하나님은 다른 사람들의 공연을 관람하는 관객들의 모임으로 교회를 계획하신 것이 아니다. 모두가 필요하다. 모두가 참여자이다.

당신의 교회에서 오직 한 가지 은사만 매 주일 두드러지게 실행되는 걸 상상해 보라. 거기엔 마중하는 사람이나, 어린이 사역자도 없고, 사무 관리자나, 준비 팀, 혹은 음향 담당자도 없으며, 친절, 관용, 자비의 은사도 없다. 거기엔 군중이 있을지는 모르겠지만, 교회는 없다.

나의 목자이자 존경하는 친구인 C. J. 매허니는 몇 년 동안 축도나 예배를 마친 후에 그냥 습관적으로 돌아서서 음악가들에게 감사 인사를 했다. 그러다 자신의 가르치는 은사만 하나님이 교회에 허락하신 유일한 은사가 아님을 깨닫게 되었다. 즉 하나님이 교회 안에 있는 다양성을 우선하신다는 사실을 깨달은 것이다. 이것이 감사와 축제의 양식으로 이어지는 까닭은 우리가 우리를 유익하게 하는 다양한 은사들이 계획적이시고, 자애롭고, 현명하신 하나님에게서 온 은혜의 선물임을 알기 때문이다.

사랑

다른 이들에게 덕을 세운다고 할 때 또 다른 주요 사항은 사랑이다. 우리의 모임과 삶에서 사랑의 면면은 바울이 고린도전서 13장 전체 13절에 걸쳐 구구절절 설명할 만큼 중요하다. 바울은 성경에서 가장 많이 인용되는 구절들 속에 사랑이 없는 섬김을 생각해볼 수 있는 가장 최악의 경우로 여겼다.

사랑 없는 말은 쓰레기통 뚜껑을 두드리는 소리와 같다. 당신이 예언을 하고, 신비를 이해하며, 해박한 지식을 갖고 있다 할지라도 사랑이 결핍되어 있다면 그것은 아무런 의미가 없다. 당신이 커다란 변화와 발전의 결과로 사람들을 얻기 위해 하나님께로 나아가는 큰 믿음을 실천한다 해도, 그 뒤에 사랑이 없으면 무익하다. 당신의 삶을 희생적으로 제공하고, 심지어 순교에까지 이른다 할지라도, 다시 한 번 말하지만 그것이 사랑을 나타내는 것이 아니라면 아무런 가치가 없다.

이런 말들은 정신이 번쩍 들게 한다. 그런데 다른 이들을 세우려는 우리의 노력에 사랑이 결핍되어 있다는 사실을 어떻게 알 수 있을까? 예수보다 우리 자신의 영광을 얻고자 다른 이들을 섬긴다면 사랑은 결핍된다. 이는 우리의 헌신이 비판을 받거나 간과되는 경우에 가장 빈번하게 나타난다.

내게는 수 년 전, 아직 인터넷이 보급되기 전일 때 교회의 뉴스레터를 발간하는 데 수십 시간 공을 들였던 기억이 있다. 약 석 달 후에 나는 다른 이에게 대표 자리를 넘겨주었다. 어느 주일 아침에 목사님이 뉴스레터 팀을 공개적으로 칭찬하면서 나에 대해 언급하지 않았다. 나는 그것이 의도적이었는지, 실수였는지는 알지 못한다. 그건 중요하지 않았다. 하지만 내 뺨은 분노로 발갛게 달아올랐다. '어떻게 나의 헌신을 언급하지 않을 수 있지? 나는 이 일을 진척시키기 위해 남모르게 고생해 왔어. 그런데 한 마디 언급도 없다니? 믿을 수가 없군!'

나의 섬김은 사랑의 행위로 시작되었는지 모른다. 그러나 그날 아침 나의 반응은 그것이 자기 높임의 행위가 되었음을 드러냈다. 그리고 내가 원했던 영광을 얻지 못하자, 분노했던 것이다. 예수의 영광을 위한 섬김은 그러한 종류의 '화냄'을 너그럽게 용서해준다. 우리는 다만 누군가가 하나님의 사람들을 세우는 일을 하고 있음을 기뻐하면 된다.

다른 누군가의 섬김에 낙담하고, 분노하며, 빈정대고, 비교하거나 질투하고 싶어 한다면, 그것은 언제든지 나의 섬김에 사랑이 없거나 하나님께 영광을 드리는 것이 아니라는 확실한 표징이 된다.

또한 우리가 하고 있는 일이나 혹은 그 방식이 다른 이들에게 어떤 영향을 끼칠지에 대해 무감각하다면 그 역시 사랑이 없는 것이다. 나는 회중의 지루한 얼굴 표정을 바라보면서 실망했다고 고백한 많은 지도자들에게 말했다. 그러면 당신은 당신의 얼굴과 몸이 리더들뿐 아니라 당신 주변에 있는 사람들을 격려하고 세우는 도구임을 생각해 본 적이 있는가?

때로는 선의로 한 행동이 주위의 사람들에게 부정적인 영향을 끼칠 수도 있다. 당신이 어느 공간 안에서 손을 높이 들고 방방 뛰고 있는 유일한 사람이라면, 당신이 인도하고 있는 사람들에게 예수를 더 생각토록 하고 있는지, 아니면 당신을 더 생각토록 하고 있는지 고려해 보는 것이 좋다. 내 아내는 내가 아주 큰 소리로 찬양했던 많은 경우 괴로웠다고 내게 말해주었다. 찬양하는 것은 단지 내가 예수를 향해 갖는 느낌에 관한 것만은 아니다. 그것은 또한 내 주변의 사람들을 향해 갖는 느낌과도 관련되어 있다. 타인을 인식하는 것은 구주께 영광을 드리는 또 하나의 방식이다.

사랑을 우선으로 하는 것은 우리가 리더들과 상호작용을 할 때에도 중요하다. 우리가 일어난 어떤 일에 관심이나 의견의 차이를 표현하는 경우에, 그것은 세우려는 것인가 아니면 단순히 바로잡으려는 것인가? 강화시키려는 것인가 혹은 비평하려는 것인가? 축복하려는 것인가 아니면 심판대에 세우려는 것인가?

우리가 다른 이들을 섬기는 방식에서 사랑이 우선인 이유는 그것이 하나님이 우리를 섬겼던 방식이기 때문이다. 하나님은 그의 아들을 보내서서 저주받아 마땅한 우리를 구원하실 정도로 우리를 많이 사랑하셨다. "그가 우리를 위하여 목숨을 버리셨으니 우리가 이로써 사랑을 알고 우리도 형제들을 위하여 목숨을 버리는 것이 마땅하니라"(요일 3:16).

하나님이 우리에게 보이신 사랑의 깊이를 좀 더 이해하려면, 그와 같은 사랑으로 더 많이 다른 이들을 섬겨야 한다.

명료성

다른 이들을 세우는 일에 또 다른 주요 사항은 명료성이다. 교회의 모임에서 우리가 하는 일이나 말하는 것을 사람들이 이해할 수 있을까? 혹은 마치 손님들이 오직 오래된 회원만 무슨 일이 일어나고 있는지 아는 비밀 클럽에 들어가는 것처럼 생각할까?

바울은 고린도전서 14장 6~11절에서 이점에 대해 놀랄 만큼 단순한 예증을 제공한다. 만일 누군가가 악기를 연주하는데 아무도 그 소리가 어떤지 이해할 수 없다면, 누구라도 어떤 작품이 연주되었는지 과연 말할 수 있겠는가? 이에 대해 몇몇 사람들은 현대 음악을 떠올리겠지만 그렇더라도 바울은 소리를 파악할 수 없는 연주는 무익하다고 말한다. 만일 나팔소리가 전투를 위해 군대를 소환하는데 그 소리가 불분명하다면, 군대는 분명 대패하고 말 것이다. 다른 사람들이 이해할 수 없는 말을 사용한다면 어떻게 그들에게 도움이 되겠는가?

나는 새신자들은 무슨 일이 있었는지 이해할 기회가 아주 적은 특정한 표현이나, 형식, 혹은 양식들을 사용하는 데 너무 익숙해져 버린 교회에 있었다. 암호 문자 같은 말을 알지 못하는 한 새신자들은 그것들을 이해할 수 없을 테고 결국 그들은 떠날 것이다. 보증, 선교, 구속, 율법, 나눔, 중재와 같은 말들은 우리에게 이해되는 만큼 주변 문화에도 그처럼 이해될 수 있는 것이 아니다. 영광, 은혜, 피, 복음과 같은 좀 더 일반적인 말들조차도 설명을 해주어야 하고, 특별히 대화 속에서 쓰일 때는 더욱 그러해야 한다.

가령 어디로 자녀를 데리고 가고, 무엇을 말하며, 언제 말해야 하는지, 또 예배의 순서나 새신자에게 요구되는 일 같은 모임의 면면들은 모두 방문자들에게 장애물이 될 수 있다. 고린도전서 14장 말미에서 바울은 명료성의 중요함을 강조하기 위해 혼란스런 방언 소리를 예화로 사용했다. 심지어 특별한 은사를 믿지 않는 교회들조차도 방문자들을 돕기 위한 통역의 은사가 필요할 수 있을 것이다.

우리가 분명히 이해시키려고 한다면, 하나님은 당신의 영광을 위해 다른 이들을 세우는 일에 우리를 사용하실 수 있다.

복음

하나님의 백성으로서 우리가 하나님께 영광을 드리는 일은 하나님이 우리를 그분의 백성으로 삼기 위해 하신 일을 알리는 것을 의미한다. 그리고 하나님이 하신 일은 우리를 구속하시기 위해 예수 그리스도를 보내신 것이다. 그래서 바울은 우리가 모일 때 어떻게 서로를 세울 것인가에 관해 좀 더 이야기 한 후 고린도 교인들에게 가장 중요한 것이 무엇인지를 일깨워주었다. 바로 복음이다. 즉 성경에 약속된 대로 예수 그리스도가 오셨고, 죽으셨으며, 부활하셨다는 사실이다(고전 15:3~4).

하나님은 개별적으로 우리를 교화하실 뿐만 아니라 그리스도로 하나 되게 하시는 데 관심을 두신다. 그래서 하나님께서는 우리의 관계, 유대감, 결속이 중요하다. 그분은 그러한 관계를 튼튼하게 하고자 하신다. 우리는 건설 현장에 무작위로 쌓여 있는 벽돌들이 아니다. 그것들은 아직 건물이 아니다. 단순히 벽돌더미일 뿐이다. 누구나 손쉽게 접근할 수 있고, 전부 무너트릴 수도 있다. 또 그것들은 누구에게도 안전, 보안, 혹은 보호를 제공할 수 없다.

하나님은 영적 접합제로 우리를 강하게 결속시키고자 하신다. 그 접합제는 바로 예수 그리스도이시다. 영과 진리로 하나님을 예배하는 사람들은 계속해서 예수 그리스도의 복음으로 되돌아간다. "그러므로 너희가 그리스도 예수를 주로 받았으니 그 안에서 행하되, 그 안에 뿌리를 박으며 세움을 받아 교훈을 받은 대로 믿음에 굳게 서서 감사함을 넘치게 하라"(골 2:6~7).

우리가 세워진 것도 그리스도 안에 근거와 기초를 두었기 때문이라면, 우리의 섬김을 통해 다른 사람들에게 덕을 세우기 위한 가장 좋은 방법은 그들을 좀 더 그리스도와 하나 되게 하는 것이다. 달리 말하자면,

우리 스스로가 주목의 대상이 되기보다 예수가 누구이며, 예수가 성취하신 일이 무엇인지에 사람들의 관심을 집중시키도록 하는 것이다. 사람들이 우리를 알아줄 거라서 서로를 섬기는 것이 아니다. 그보다는 최대한 우리의 은사를 사용해서 그 은사를 주신 분을 찬미하려는 것이다.

그래서 우리가 하는 모든 일이 중요한 이유는 예수 그리스도가 하신 일과 그것이 왜 중요한지를 다른 사람들에게 알리기 때문이다. 우리가 감사함으로 섬기는 것은 그리스도가 먼저 우리를 섬겼기 때문이다(눅 22:27). 우리는 우리의 죄가 용서되었음을 앎으로써 받은 위로로 다른 사람들을 위로한다(살후 2:16~17). 우리는 그의 아들을 우리를 위해 내어주신 이가 은혜로 우리에게 모든 것을 허락하실 것을 알기에 다른 사람들에게 하나님을 신뢰하라고 격려한다(롬 8:32). 우리는 예수가 직접 우리를 위해 중보하심을 알기에 하나님께 확신을 갖고 기도한다(8:34). 우리는 하나님의 자녀로 불리는 엄청난 영예를 얻었기 때문에 서로 먼저 존경해야 한다(롬 12:10; 요일 3:1). 그리스도가 하나님의 영광을 위하여 우리를 환대하신 것처럼 우리는 서로를 환대해야 한다(롬 15:7). 우리는 어떤 식으로든 복음 안에서 우리에게 나타난 은혜에 주의를 기울이며, 그 과정에서 하나님께 영광을 드려야 한다.

참된 예배자들이 다른 사람들의 유익을 바라는 이유는 그들이 장차 그리스도의 영광을 나타낼 것이기 때문이다. 이 둘은 불가분의 관계에 있다. 우리가 다른 이들을 섬기고, 세우지 않고서는 절대로 하나님을 찬미할 수 없다.

그런데 우리가 만나는 이웃들을 세우기 위해 하나님이 우리에게 허락하신 방법들이 있다. 그 중에 아주 일부는 몇 세기에 걸쳐 함께 찬양하도록 만드는 대신 혼란과 긴장만 유발했었다. 이 주제에 대해서는 다음 장에서 다루려 한다.

06

예배의 찬양

"그리스도의 말씀이 너희 속에 풍성히 거하여 모든 지혜로 피차 가르치며 권면하고 시와 찬송과 신령한 노래를 부르며 감사하는 마음으로 하나님을 찬양하라" (골 3:16)

몇 해 전 내 이웃들 가운데 한 가정이 우리 교회를 찾아왔었다. 내가 그의 아내에게 우리 교회가 어땠는지 소감을 묻자, 그녀가 대답했다.

"좋긴 한데, 남편은 교회에 다시 오려고 하지 않을 거예요."

"왜죠?" 내가 다시 물었다.

"당신은 찬송을 너무 많이 불러요. 게다가 남편은 노래하는 걸 싫어하죠."

나는 그녀의 결정이 유감스러웠지만 그녀의 평가에 감사했다. 우리는 정말 아주 많이 찬송을 부른다.

내가 기억하는 한 나는 아주 오랫동안 노래를 불러왔다. 고등학교와 대학 때는 합창단에 참여했고, 12년 간 기독교 아카펠라 그룹 글래드

GLAD와 함께 이곳저곳에서 공연했다. 또 35년 이상 찬송으로 예배를 인도했다. 나는 노래를 정말 사랑한다.

하지만 나의 이런 배경을 모든 사람들이 공유하고 있지는 않다는 것을 깨달았다. 당신은 이 장의 제목을 보면서 얼굴을 찡그렸을지도 모른다. '나더러 노래하라고요? 지금 농담하는 거죠?' 이렇게 반응한다면 당신도 몇 해 전의 내 이웃과 비슷한 사람이다. 찬송은 당신을 위한 것이니 무조건 "하라"는 명령이 아니다.

그런데 찬송하기를 절대 멈추지 않는 그리스도인들이 있다. 그들은 당신을 미치게 할 수도 있다. 그들은 아침에 일어나면서, 샤워를 하는 중에도, 아침 식사를 준비할 때나 학교나 직장에 가려고 운전하면서까지 온종일 노래를 부른다. 텔레비전 쇼의 주제곡이나 광고, 라디오, 자신의 아이팟 기기 또는 콘서트에서 흘러나오는 노래를 따라 부른다(대개는 아주 시끄럽게). 아참, 교회에서도 그렇게 한다.

내게도 찬송하는 것에 대해 이중적인 생각을 품은 친구들이 있다. 그들에게는 사람들이 찬송하는 것이 괜찮다고는 해도, 그저 괜찮은 범주에 속하는 것일 뿐, 꼭 필요한 것은 아니다.

즉 찬송과 관련하여 우리에게는 훈련되고 열정을 품은 그리스도인들이 있는가 하면, 또한 재능이 없고, 감흥이 없거나, 관심이 없는 그리스도인들도 있다. 물론 이보다 더 세분할 수도 있다. 그렇다면 하나님은 모든 그리스도인들이 찬송하기를 원하시는가?

상황에 따라 다르다고 할 수 있다. 만일 찬송하는 일이 훈련과 기술,

음역이나, 혹은 위로나 선호의 문제라면 대부분의 우리들은 그냥 입을 다물고 있는 편이 낫다. 그렇게 되면 아마 세상은 더 쾌적하고 행복한 곳이 될지도 모른다. 우리보다 더 재능이 있고, 훨씬 더 음악을 즐기는 듯이 보이는 사람들이 그토록 많은데 왜 우리가 찬송을 드려야 하는가?

그 이유는 이렇다. 당신의 목소리도 교회에 출석한 모든 사람들의 목소리들과 함께 구세주에 의해 구속되었기 때문이다. 우리가 찬송할 때, 주님은 당신의 영광과 우리의 기쁨을 위해 아버지에게 우리의 찬송을 올려드린다. 헤럴드 베스트는 "예수께 드려진 사람들의 목소리와 마찬가지로 다른 사람이 예수께 드린 것과 함께 어우러진 인간의 목소리는 개척교회로부터 대성당에 이르기까지 고귀하고 가치 있는 노래를 만들어낸다."고 했다. "그리스도인들에게 찬송하는 것은 선택 사항이 아니다. 아무도 면제될 수 없다. 가창력이 기준이 될 수 없다."[1]

면제될 사람은 아무도 없다. 심지어 음악적 재능이 전혀 없는 사람이라 해도 말이다. 여기서 결정적인 것은 "내게 목소리가 있느냐?"가 아니라 "내게 찬송이 있느냐?"이다. 그리고 당신이 그리스도의 구속 사역을 통해 용서받아 하나님과 화해한 참된 예배자라면, 그 대답은 철저히 '그렇다'일 것이다. 찬송은 우리가 시작하거나 창작한 것이 아니다. 우리는 그 노래를 보완하거나, 바꾸거나, 개선할 수 없다. 그 찬송은 위대한 구원자의 구속에 대한 노래이다.

이 찬송은 결코 우리가 혼자서 노래하게끔 되어 있지 않다. 우리는 또한 이 찬송이 하나님의 백성들이 수천 년 간 함께 노래했던 것임을 알게 될 것이다.

구속의 노래

우리는 출애굽기 15장에서 하나님이 그의 백성들을 홍해 가운데로 인도하실 때 구속의 노래의 첫 번째 선율을 듣게 된다. 무시무시한 애굽 군대들이 수몰되고 그들의 시체가 해변으로 밀려날 때(출 14:30), 전 이스라엘 백성들은 감격에 뒤덮인 찬양예배를 드렸다.

> "내가 여호와를 찬송하리니 그는 높고 영화로우심이요 말과 그 탄 자를 바다에 던지셨음이로다 여호와는 나의 힘이요 노래시며 나의 구원이시로다 그는 나의 하나님이시니 내가 그를 찬송할 것이요 내 아버지의 하나님이시니 내가 그를 높이리로다"(출 15:1~2)

수년 후, 구속의 찬송은 하나님의 백성들이 '그들을 그 미워하는 자의 손에서 구원하시며 그 원수의 손에서 구원하신'(시 106:10) 하나님을 찬양하는 시편에서 계속 울려 퍼진다.

찬송은 특별한 목적에서만 하는 것이 아니다. 다윗은 레위 족속의 음악가들에게 성전에서 하나님을 밤낮으로 찬양하는 일을 전담시켰다(대상 9:33; 15:19~22). 그렇게 한 것은 우리를 구원하신 것에 대해 우리가 찬양하는 것 이상으로 하나님이 찬양받으시기 원하시기 때문이다. 하나님은 우리에게 그런 찬양을 바라신다.

"새 노래로 여호와께 노래하라 온 땅이여 여호와께 노래할지어다 여호와께 노래하여 그의 이름을 송축하며 그의 구원을 날마다 전파할지어다"(시 96:1~2)

그 장대한 멜로디는 계속해서 바벨론에서 돌아오는 이들에게 지시되었다.

"너 예루살렘의 황폐한 곳들아 기쁜 소리를 내어 함께 노래할지어다 이는 여호와께서 그의 백성을 위로하셨고 예루살렘을 구속하셨음이라"(사 52:9)

언제나 '새 노래로 주님을 찬송'(시 96:1; 사 42:10) 해야 할 새로운 이유들이 있다.

신약성경에서 사도 바울은 찬송이 위대한 구원자 되신 그리스도의 말씀을 우리 안에 풍성히 거하게 할 수 있다고 말한다(골 3:16). 이는 바울과 실라가 옷이 벗겨지고, 매질을 당한 후 내 던져진 빌립보 감옥에서도 하나님을 찬송할 수 있었던(행 16:25) 이유를 설명해 준다. 그들에게는 박해의 중심에서조차 침묵할 수 없는 찬송의 노래가 있었던 것이다.

구속의 노래는 새 하늘과 새 땅으로 이어진다. 사람들을 피로 사서 하나님께 드리시고 죽임 당하신 어린 양을 열정적으로 찬양하는 일에 모든 마음과 손과 목소리가 높이 들려질 것이다. 각 족속과 방언과 백성과 나라 가운데에서(계 5:9) 말이다.

더 이상 당신이 하나님과의 영원한 분리를 걱정할 필요가 없다면, 그리고 죽음은 그저 말할 수 없는 기쁨에 이르는 수단이라면, 또 죄가 정복되었고, 지옥이 무력화 되었으며, 하나님의 오른 편에서 끊임없는 기쁨을 얻도록 예수가 당신을 구원하셨다면, 당신에게는 찬송할 노래가 있다. 그 노래는 심판도, 질병도, 다툼도, 박해도, 지상의 권세나 지옥에서도 막을 수 없다.

그런데 왜 우리는 찬송하는가?

이러한 약간의 성경적 개관에도 불구하고 우리에게 여전히 의문은 남아 있다. 왜 우리는 찬송하는가? 소네트를 암송하는 것은 안 되는가? 혹은 성경구절이 쓰여 있는 현수막을 펼쳐들고 흔드는 것은 어떤가? 왜 춤은 추지 않는가? 함께 나무 조각을 두드리는 것은 안 되는가? 왜 그리스도인들은 종종 미숙하고, 음정도 맞지 않으며, 박자도 맞지 않는 회중적인 찬양을 반복적으로 노래하는가? "여러 다른 평신도들처럼 내가 교회에서 무엇보다 바라는 점은 좀 더 적게, 더 잘, 그리고 좀 더 짧은 찬송가를 부르는 것인데, 그 중에서도 특히 찬송가를 조금만 부르는 것이다."² 라고 말한 C. S. 루이스의 권고를 왜 따르지 않는가?

이것은 중요한 문제다. 만일 우리가 찬송에 대한 하나님의 목적을 이해하지 못하면서 노래한다면, 결국은 노래할 의욕을 잃어버리게 될 것이다. 또 우리는 하나님이 목적하신 대로의 유익을 얻지도 못할 것이다. 무엇보다도 하나님은 우리의 찬양을 통해서 영광을 받지 않으실 것이다.

우리가 찬양하는 한 가지 이유는 하나님이 우리에게 분부하셨기 때문이다. 한 핵심단어에 관한 연구는 직접적으로 찬양을 권고하는 50구절을 포함해서 400구절 이상이 성경에서 찬양과 관련되어 있음을 보여준다. 그 중 네 구절이 시편 47편 6절에 간략하게 담겨있다.

> 찬송하라, 하나님을 찬송하라!
> 찬송하라, 우리 왕을 찬송하라!

어떤 이는 성경이 특별히 음악가들을 위해 쓰인 것은 아닌지 물을 수도 있겠다. 물론 그렇지 않다.

찬양하는 또 다른 이유는 성경 안에서 찬송이 중요한 역할을 하기 때문인데, 그것은 삼위일체의 모든 세 인격이 찬송으로 연결되어 있는 것이다. 스바냐 3장 17절은 성부 하나님이 '큰 소리로 노래하는' 그의 백성을 크게 기뻐하실 것이라고 말한다. 예수는 마지막 만찬 후에 그의 제자들과 함께 찬미하셨으며, 필시 매주 회당에 나아가실 때마다 노래하셨을 것이다(마 26:30; 눅 4:16). 히에서는 시편 22편의 다음과 같은 말씀이 예수의 입으로 선포되었다. "내가 주를 회중 가운데에서 찬송하리라"(히 2:12) 시편을 노래하는 것, 찬송들, 영적 노래들은 닭이 먼저인지, 계란이 먼저인지 결정하기 어려울 만큼의 일체화 된 방식으로 성령의 충만함과 결합되어 있다(엡 5:19). 하나님은 노래를 하시기 때문에 우리가 찬송하기를 바라신다.

무엇을 찬송하는가?

성경이 우리가 찬양하는 것을 응원하며, 하나님이 노래하신다는 사실을 아는 것과 우리가 어떻게 찬양해야 하는지를 아는 것은 별개의 문제다. 왜냐하면 우리는 부정하게 찬양할 수 있기 때문이다. 우리는 잘못된 이유로 찬양할 수 있다. 동기가 부족할 수 있다. 우리의 입으로 소리를 만들어 내는 것 외에 해야 할 것이 무엇인지를 알지 못한 채 찬양할 수 있다.

특별히 찬양과 관련해 언급하는 신약성경 두 구절이 있다.

"술 취하지 말라 이는 방탕한 것이니 오직 성령으로 충만함을 받으라.

시와 찬송과 신령한 노래들로 서로 화답하며 너희의 마음으로 주께 노래하며 찬송하며 범사에 우리 주 예수 그리스도의 이름으로 항상 아버지 하나님께 감사하라"(엡 5:18~20)

"그리스도의 평강이 너희 마음을 주장하게 하라 너희는 평강을 위하여 한 몸으로 부르심을 받았나니 너희는 또한 감사하는 자가 되라 그리스도의 말씀이 너희 속에 풍성히 거하여 모든 지혜로 피차 가르치며 권면하고 시와 찬송과 신령한 노래를 부르며 감사하는 마음으로 하나님을 찬양하고 또 무엇을 하든지 말에나 일에나 다 주 예수의 이름으로 하고 그를 힘입어 하나님 아버지께 감사하라"(골 3:15~17)

이들은 하나님이 왜 우리에게 찬양하기를 바라시는지에 대한 보다 분명한 이해의 출발점을 제공한다.

찬양은 우리의 마음에 성령의 사역을 드러내고 격려한다

바울은 찬양에 대해 설명하면서 술 취함이라는 예상치 못한 비유를 사용했다. 이는 우리의 찬양이 가지는 원천이 있기 때문이다. 에베소서 5장 18절에서 그는 술 취함과 성령의 충만함을 비교한다. 그 둘은 모두 당신의 행동에 영향을 끼치는 것과 관련되어 있다. 그래서 '음주 운전driving under the influence'이라는 문구가 여기서 유래했다. 술에 취하는 것과 성령으로 충만해지는 것은 모두 기쁨과 열광을 억제 없이 표현하게 한다.

그러나 그러한 둘 사이의 유사성은 종료된다. 바울은 '성령에 취한' 상태를 바닥에 쓰러지고, 횡설수설하고, 자기 차에 실려 가야 하는 것으로 말하지 않는다. 이 구절은 그와 같은 것들을 말하지도, 지지하지도 않는다. 바울은 유사성보다는 차이를 강조한다. 술은 기능을 저하시키는 효과가 있다. 뇌와 감각을 둔하게 만든다. 혈액 속에 흐르는 지나치게 많은 알코올은 조절 능력, 분별력, 균형 감각 등을 상실하게 만든다. 또 술은 성욕을 떨어트릴 수도 있다. 반대로 성령은 D. 마틴 로이드 존스의 말을 따르자면 자극의 효과가 있다. 성령은 새로운 삶을 제공하신다. 성령은 우리에게 그리스도를 영광스럽게 하신다. 또한 우리에게 하나님의 사랑을 드러내신다. 성령은 자기 조절, 지혜, 이해와 분별력을 가져다주신다. 성령은 우리가 최선을 다하고, 가장 현명하게 행동하도록 하신다. 또한 우리로 하여금 찬양을 하고 싶게 만든다.

우리는 계속해서 성령의 영향력 아래에 있기를 소망한다. 그리고 놀랍게도 하나님이 우리에게 성령의 영향력을 경험할 수 있게 하시는 방법 중 하나는 찬양을 통해서다. 찬양은 교회를 세우고, 우리의 마음을 움직이며, 그리스도를 높이고, 하나님의 존재를 인식하게 한다.

하나님의 성령이 우리의 찬양과 그토록 밀접하게 연결되어 있다는 것은 함의하는 바가 크다. 우리는 예배 인도자나 찬송을 인도하는 밴드를 기다릴 필요가 없다. 목을 풀어 준비하거나 목소리를 높이는 편이 좋다고 확신해야 할 이유도 없다. 성령은 이미 믿는 자들인 우리 안에 거하시며, 우리의 입에 시편과 찬송과 영적 노래들로 채우고자 하신다. 그래서 우리는 모임이 작든, 크든 그 안에서 노래하는 찬송대로 하나님의 성령이 우리를 그리스도의 형상으로 변화시켜 영광에서 영광에 이르도록 초자연적인 섭리로 역사하실 것을 기대할 수 있다(고후 3:18).

찬양은 우리로 하여금 하나님의 말씀을 기억하게 한다

골로새서 3장 16절은 우리가 시와 찬송과 신령한 노래를 부를 때 그리스도의 말씀이 우리 안에 풍성히 거하게 된다고 말한다. 여기 '그리스도의 말씀'은 바울 특유의 복음을 표현하는 방식이다. 이것은 육체로 오셔서 우리를 대신하여 하나님의 진노를 감당하시고, 우리를 하나님과 화해시키며, 다시 사신 구주 예수에 관한 좋은 소식이다. 이 모든 내용을 담은 그 소식은 우리가 찬양할 때 우리의 마음과 정신에 풍성히 거하게 될 것이다. "그리스도는 기독교 찬송의 근거이자 내용이다. 그리스도인들은 그리스도에 대해 찬송한다. 그들이 하나님에 대해 찬송한다면, 그것은 특별히 하나님이 그리스도를 통해 하신 일에 관한 것이다. 또 성령에 대해 찬송한다면, 그것은 그리스도의 선물로서의 성령에 관한 것이다. 만일 서로를 위한 교훈에 관한 찬송이라면, 그것은 그리스도 안에 있는 삶에 대한 것이다."[3]

골로새 교인들은 하나님이 우리 안에 깊이 거하시는 복음으로 우리를 움직이시고, 변화시키며, 다스리기 바라신다고 말한 바울을 이해했을 것이다. 그런데 왜 음악을 언급하는가?

음악은 말씀을 기억하게 한다. 즉 하나님은 음악을 통해서 우리로 하여금 그리스도의 말씀을 기억하게 하신다.

올리버 색스 박사는 수년 간 뇌에 미치는 음악의 효과를 연구했다. 그가 쓴 〈뮤지코필리아 Musicophilia〉에서 "모든 문화는 아이들이 글자, 숫자, 그 외에도 목록 등을 익히는 데 도움이 되는 노래와 리듬을 갖고 있다. 성인들도 마찬가지라서 우리의 기억을 돕는 장치나 유형을 사용하지 않으면 계속해서 암기하거나 기억을 유지하는 정신 능력은 한계가 있다. 이때 우리의 기억을 돕는 가장 강력한 도구는 리듬, 박자, 그리고 노래이다."[4]라고 그는 말하고 있다.

한 알츠하이머 환자는 자신의 아내와 자녀를 알아보지 못했지만, 그가 십대 때 익혔던 노래가 들리자 열정적으로 노래를 따라했다. 딸랑거리는 소리는 비록 수일은 아니더라도 몇 시간 동안은 우리 머리에 남아 있을 것이다. 우리는 수십 년간 듣지 못했던 노래가 가게에서 흘러나오면 본능적으로 가사를 흥얼거리기 시작한다.

하나님은 사람들이 그의 말씀을 기억하는 데 도움이 되는 수단으로 손수 음악을 사용하셨다. 이스라엘 백성들이 막 약속의 땅에 들어가려 할 때에 하나님은 모세에게 명하여 "그들이 수많은 재앙과 환난을 당할 때에 (그들의 자손이 부르기를 잊지 아니한 이 노래가) 그들 앞에 증인처럼 되리라"고 하시며 이 노래를 가르치셨다(신 31:21). 우리는 우리가 노래하는 것을 기억한다.

음악은 이미 기억의 도구의 역할을 하고 있기 때문에 우리는 대부분 아마도 그것을 보다 효율적으로 사용할 수 있을 것이다. 역사의 도처에서 성도들은 비록 수 백 편까지는 아니더라도 수 십 편의 찬송을 암기해 왔다. 나는 사람들이 심지어 이미 암기하고 있는 찬송인데도 불구하고 그들의 시선을 화면이나 인쇄된 종이에 고정시킨 채로 노래하는 모습을 본다. 가사를 알고 있으면서도 어쨌든 그냥 거기를 계속해서 응시하고 있는 것이다. 그것이 습관이라면 이제는 노래의 가사 한 줄을 읽고, 그 줄을 노래할 때 시선을 돌린 다음 마음으로 노래해보라. 또 시간을 들여 노래를 재음미해 볼 수도 있을 것이다. 그러면 얼마나 빨리 그것들을 기억하게 되는지 놀랄 것이다.

찬양은 하나님의 말씀을 기억하는 데 도움이 된다. 가능한 모든 것을 활용해 보자.

찬양은 가르치고, 또 가르침을 받는 데 유익하다

우리가 모일 때 가르침을 받는 주된 방식은 신실하게 하나님의 말씀을 강해하는 목회자를 통해서다. 그러나 골로새서 3장에서 바울은 찬양할 때 또한 우리가 "피차 가르치고 권면하다"고 말했다. 찬양하는 동안에는 나를 필요로 할지라도, 찬양은 결코 나에 대한 것이 아니다. 우리의 마음에 주님을 위한 아름다운 곡조를 만드는 동안 우리는 찬양 가운데서 또한 서로에게 말씀을 전하게 된다(엡 5:19). 우리의 찬양에는 수직적인 면과 함께 수평적인 중심이 존재한다. 가르침은 올바른 찬양과 함께 생겨난다.

하나님은 피차 가르침에 있어 다양한 방식이 생겨날 수 있음을 인정하신다. 회중의 반은 다른 절반의 회중을 위해 노래할 수 있다. 인도자는 부름과 응답을 이끌어낼 수 있다. 솔리스트나 가창 그룹이 찬양을 하는 동안 교회의 나머지 사람들은 양육을 받고, 감동을 얻을 수 있다. 대부분의 경우 피차 찬양하는 것은 주님을 위한 아름다운 곡조를 만드는 모든 마음이 함께 찬양함을 뜻한다.

가르침이 생겨나는 방식은 이렇다. 우리가 "모든 죄인 눈 어두워 하나님의 영광을 보지 못하네" 하고 찬송하면, 하나님과 우리 사이를 갈라놓은 죄를 우리의 힘으로는 해결할 수 없음을 서로 조언하는 것이다. "주신 이도 주님이시요, 취하신 이도 주님이시니"라는 가사는 하나님이 우리를 풍성하게 하시든지, 부족하게 하시든지, 여전히 주님께 감사할 수 있음을 가르쳐준다. "죄 없으신 구주가 죽으심으로 죄 많은 나의 영혼이 자유롭게 되었네"라는 가사와 더불어 우리는 구주가 이미 값을 지불하신 죄의 저주 가운데서 살지 말자고 서로에게 권고한다. "이 세상의 부요함도, 사람들의 빈껍데기 같은 그런 명예의 자리도 나는 관심 없어요"라는 가사는 우리에게 한 때의 부요함이나 다른 사람들의 박수갈채를 쫓는 삶의 무익함을 가르쳐 준다. 찬양은 교육적 행위를 위해 계획된 것이다.[5]

예배 모임이 산만해지고, 근심으로 가득하며, 서로 다투고, 낙담과 책망에 빠지는 일은 결코 드물지 않다. 교인들과 함께 찬양하면서 우리는 종종 아무런 감동도 없이 성경적 진리를 듣거나 입으로 내뱉는다. 그러면 우리의 찬양은 그리스도 중심적이지도 않고, 일상의 싸움과 시험에서 우리에게 용기를 주고 맞설 채비를 하게 하는 성경적으로 신실한 노래들이 될 수 없다.

이것이 어쩌면 우리의 영혼과 사고에 영향을 미치는 음악을 혼자서 하려고 하는 이유일지도 모른다. 비록 음악이 우리의 감정에 호소하는 것이라 해도, 실상 우리를 자유롭게 하는 것은 음악이 아니다. 신약 학자 더글라스 무는 이렇게 말한다. "하나님의 예배는 항상 감정을 담고 있어야 한다. 예배에 대해 감정적이지 않고서 어떻게 우리를 구원하신 거룩한 하나님을 찬양할 수 있겠는가? 그러나 우리의 감정을 움직이는 것은 오르간의 격조 높은 음색이나 강렬한 드럼의 비트가 아니라, 하나님의 진리에 대한 마음의 통찰이다."6

찬송이 우리를 가르치는 도구라면 우리가 노래하는 가사에 집중하는 것이 중요하다. 성경적 사실들은 우리가 그것들을 노래하기 위해 사용하는 곡조보다 훨씬 더 중요하다. 좀 더 단순하게 말하자면, 진리는 선율보다 앞선다.

찬송의 가사에 대한 우리의 이해를 자라게 하는 한 가지 방법은 시간을 들여 그것을 읽고 묵상하는 것이다. 우리는 자녀들이 자라가는 동안 많은 시간을 그렇게 했고, 주일 모임에서 이들 자녀들의 참여가 크게 증가한 것을 발견했다. 그들은 실제로 우리가 무엇에 대해 찬양하는지를 생각했다. 그런데 이는 성인들에게도 마찬가지로 작용한다.

찬양은 우리의 감정을 표현하고 끌어들이는 데 도움이 된다

찬양이 언어와 아주 밀접한 관련이 있다고 해서 감정이 중요하지 않다는 것은 아니다. 모든 문화와 모든 시대 속에서 음악은 마음의 언어였다. 음악은 우리가 느끼는 것을 표현하고, 자극하며, 연상시킨다. 바울은 '마음으로 주께 노래하며', '마음으로 하나님께 감사하라'(엡 5:19; 골 3:16)는 말에서 그러한 연관성을 나타냈다.

물론 언어는 그 자체로 감정을 표현하기에 충분하다. 그런데 왜 우리 모두가 찬양해야 하는지에 대한 의문이 다시 떠오른다. 존 파이퍼의 말을 들어보자.

> 우리가 찬양하는 이유는 감정에는 다양한 깊이와 높이, 강도와 종류가 존재해서 단지 산문체의 형식이나 시 낭독만으로는 만족스럽게 감정을 표현할 수 없기 때문이다. 실제로 산문의 틀을 벗어나 시로 표현했으면 하는 이들이 있고, 어떤 이들은 시가 노래로 확대되기를 간청한다. 찬양은 그리스도인들이 말하는 하나의 방식이다. 즉 하나님은 이루 다 생각할 수 없을 정도로 위대하시므로 깊이 느껴야 하고, 말로 다 할 수 없을 만큼 크시므로 노래해야 하는 것이다.[7]

"말로는 충분치 않으므로 노래해야 한다." 음악은 우리로 하여금 어떻게 단순히 말하는 것을 넘어서게 하는가?

첫째, 노래는 말의 의미를 숙고할 수 있게 한다. 노래는 단어들을 펼치거나 반복하고, 혹은 단어들 사이에 여백을 둘 수도 있다. 그렇게 함으로써 우리가 노래하는 것에 대하여 좀 더 깊이 생각할 수 있게 한다. '내 영혼이 평안해'라고 말하는 것과 그 곡을 천천히 합창하거나 여러 번 그 구절을 반복해서 노래하는 것에는 차이가 있다.

음악은 또한 가사가 전해주는 감정을 확장시킨다. 그것이 기쁨의 축제이든, 경외감이든, 혹은 진지한 회개이든 음악은 그러한 정서를 이끌고 심화시키는 데 특별한 영향을 미칠 수 있다. '기쁨의 날Happy day(팀 휴즈와 벤 칸텔론)'과 '오, 거룩한 주님이 머리에 상처를 입으시고O Sacred Head Now Wounded'는 모두 십자가를 언급하지만 매우 다른 두 개의 곡이다. 전자의 곡은 그리스도의 죽음과 부활을 거리낌 없이 환희로 축하한다면, 후자는 우리의 죄로 인해 죽임 당하시는 예수의 고난을 묵상할 때 경험하는 깊은 슬픔을 반영한다. 각 찬송마다 특유의 음색이 구성되는 데에는 이유가 있다.

어떤 그리스도인들은 찬양할 때 그들의 감정을 억제하라는 가르침을 받아왔다. 그들에게는 지나치게 강한 감정은 어떤 것이든 우려스럽고, 성숙이란 절제를 의미한다고 말해져 왔다. 그러나 우리가 피하고자 하는 것은 감정이 아니라 감정주의emotionalism이다. 감정주의란 감정이 생겨나는 방식이나 그것의 궁극적인 목적과는 상관없이 어떤 것을 느끼고 싶어 하는 것을 말한다.

이와 대조적으로 찬양으로 표현되는 감정은 하나님이 누구시며, 그가 하신 일이 무엇인지에 대한 응답이다. 울려 퍼지는 찬양의 소리는 우리로 하여금 하나님에 관한 진리와 하나님을 향한 열정을 완벽하게 결합시킬 수 있게 한다. 교리와 헌신, 정신과 마음을 하나 되게 하는 것이다. 그러므로 찬양을 드릴 때 감정을 억제하거나 무시하는 것은 찬양의 본래 목적을 부정하는 것이다. 열정 없는 찬양은 모순된 말이다.

찬송 작곡자 아이작 왓츠Isaac Watts(1674~1748)는 "앞서 언급한 목적을 위해 노래하는 능력이 인간 본성에 부여되었음을, 우리 영혼의 가장 따스한 감성이 자연적이거나 신성한 곡조를 만들어 낼 수 있음을, 그리고 예배자의 혀는 자신의 마음을 표현할 수 있음을 잊지 말자."[8]고 말한다.

마음의 감정을 표현하는 음악이 항상 즐거운 것은 아니다. 교회는 인생의 시련, 유혹, 응답받지 못한 기도를 인정하는 슬픔의 노래를 불러야 하는 때가 있다. 그러나 성경에서 찬양과 가장 많이 연결되는 감정은 분명히 기쁨이다.

> 온 땅이여, 여호와께 즐거이 소리칠지어다.
> 소리 내어 즐겁게 노래하며 찬송할지어다![9]

영광스런 복음의 구속적 멜로디는 삶의 투쟁, 불확실성, 의심, 두려움, 실패 등으로 짜여 있다. 우리는 하나님이 우리를 택하사 그의 소유로 삼으시고, 우리를 그의 아들의 형상과 같아지게 하시려 온갖 노력을 기울이시며, 얼굴과 얼굴을 대면하기까지 우리를 안전하게 지키실 것임을 확신한다. 그러므로 우리는 시와 찬송과 신령한 노래들로 마음의 감사를 하나님께 들려드린다(골 3:16).

찬양은 신체적 표현의 풍성함을 촉진한다

찬양은 듣기나 말하기보다 신체적인 참여를 더 많이 요구한다. 우리의 횡경막, 폐, 목구멍, 입술은 하나님의 영광을 위한 음악적 소리를 생산하는 역할을 함께 한다. 이는 시편이 하나님을 예배하는 여러 형태의 신체적 행위를 담고 있는 한 가지 이유가 될 수 있다. 하나님의 영광을 구하고자 할 때, 우리는 경외감 속에서 무릎을 꿇고, 손을 들며, 허리를 숙이고, 박수를 치며, 큰 소리로 외치고, 악기를 연주하며, 춤을 추게 된다(시 33:1, 8; 47:1; 95:6; 134:2; 149:3; 150:3~5).

존 스토트는 "공예배에는 하나님이 위대하시기 때문에 큰 소리로 외치는 부분과 그 하나님이 우리의 하나님이기 때문에 그 앞에서 허리를 숙이는 부분이 있다."[10]고 말한다. 소리치고, 허리를 숙이는 것은 모두 신체적인 행위들이다. 하나님 임재의 실재성은 우리 존재의 전체성을 통해 표현된 응답을 요구하므로 우리는 마음과 영혼과 몸, 즉 우리의 모든 것으로 하나님을 예배한다.

찬양이 흔히 신체적 표현과 결부되어 있다는 사실은 모든 사람들이 찬양과 신체의 표현은 함께 가야 한다고 생각한다거나, 그 표현들이 언제나 똑같아 보인다는 뜻이 아니다. 문화들이 각양각색인 것은 그들이 생각하는 적절한 신체적 표현이 다르기 때문이다. 가령 영국인과 호주인은 미국인과 아프리카 사람들보다 좀 더 내성적인 경향이 있다. 하지만 모든 문화 속에서 자연적으로 자신의 목소리뿐 아니라 몸으로 하나님의 위대하심과 선하심에 응답하는 믿는 자들을 찾아볼 수 있을 것이다.

그래서 우리가 찬양하면서 몸으로 활발하게 참여하는 것이 왜 적절하고 성경적인지 몇 가지 이유를 제시하려고 한다.

우리는 성경의 예들과 권고를 따른다

신체적 표현에 대한 대부분의 예들이 시편에서 발견되고 있지만, 마찬가지로 신약성경도 엎드리거나 무릎을 꿇고 손을 드는 것 등이 언급되어 있다(행 20:36; 고전 14:25; 딤전 2:8). 이러한 여러 구절들이 함축하고 있는 바는 우리가 찬양할 때 하나님은 우리의 신체를 그분에게 영광을 가져오는 하나의 도구로 간주하신다는 것이다.

우리는 다른 이들을 격려한다

찬양하는 당신의 목소리는 다른 이들을 가르치고 권면할 수 있는 유일한 도구가 아니다. 당신의 감정과 몸도 당신이 노래하고 있는 하나님의 위대하심에 대해 생각하는 다른 사람들을 격려할 수 있다. 시편 34편 5절은 여호와를 앙망하는 자들이 "광채가 나고, 그들의 얼굴은 결코 부끄러움을 당하지 않을 것"이라고 말한다. 당신이 주님께 찬양을 드릴 때 누군가 당신의 얼굴을 광채가 나는 것으로 묘사하게 될까? 아니면 뭔가 특별한 것으로라도 묘사할까?

우리는 하나님을 향해 보다 풍성한 사랑의 표현을 바친다

왜 하나님에 대한 표현이 단지 생각과 말로 제한되어야 하는가? 하나님과의 관계는 여타 관계들과는 분명히 다르다. 나는 줄리와 데이트하는 밤에 혹시 누군가는 내가 그녀를 너무 지나치게 사랑한다고 생각할 수도 있겠다는 염려를 하면서 그녀의 맞은편에 앉지 않는다. 나는 다른 사람들이 내가 그녀에 대해 어떻게 생각하는지 알았으면 하고, 그것을 말로 제한하고 싶지 않다. 그녀를 응시하고, 만지고, 그녀에게 미소를 짓고, 그녀와 교감하고 싶다. 사실 그러고 싶은 이유는 내가 그녀에게 푹 빠져있기 때문이지, 우리가 어떤 공개된 설정 속에 있기 때문이 아니다. 나는 풍성한 신체의 표현을 통해 그녀의 가치를 확대시킨다. 그러므로 우리는 우리의 몸으로 하나님의 가치를 확대시킬 수 있다. 우리는 주위의 사람들에게 "나의 하나님은 위대하시며, 나는 그를 나의 존재 전부를 다하여 찬양할 것"이라고 말한다(시 108:1~2을 보라).

우리는 우리 자신의 마음을 자극한다. 내면에 아무런 느낌도 없으면서 신체적으로 표현하는 것은 위선적으로 보일 수 있다. 다른 누구도 아닌 바로 장 칼뱅은 신체의 자세나 행위가 우리의 영혼을 격려하는 데 얼마나 유용한지를 지적한다.

> "가장 우선되는 자리를 차지하는 내적인 태도는 확실히 기도에 있지만, 외적인 몸짓들, 즉 무릎을 꿇는다든지, 모자를 벗는다든지, 손을 들어 올린다든지 하는 것들은 두 가지 사용 목적을 갖고 있다. 첫째는 우리가 모든 구성원들로 하여금 하나님을 영화롭게 하고, 예배하도록 하기 위함이고, 둘째로는 말하자면 그러한 외적인 태도에 힘입어 우리

의 게으름에 충격을 주기 위함이다. 진지하고 공적인 기도에는 세 번째 사용 목적이 있는데, 그것은 하나님의 자녀들이 그런 식으로 자기의 신앙심을 고백하고 하나님에 대한 경외심으로 서로를 자극하기 때문이다. 그러나 손을 들어 올리는 것이 확신과 소망의 상징인 것처럼, 우리의 겸손을 보여주기 위해서 우리는 무릎을 꿇는다."11

우리가 하나님을 향한 열망의 부족함이나 내적인 우울함을 경험할 때 무엇보다 필요한 것은 특별히 복음 안에서 스스로를 우리에게 드러내신 하나님에 대한 진리로 우리의 마음을 채우는 것이다. 그런데 우리의 몸도 하나님이 그의 영광을 위해 우리의 마음이 올바로 반응하도록 자극하기 위해 허락하신 또 다른 방법이다. 예수가 나를 구원하셨음을 느낀다면 고개를 숙이거나 손을 들어 올리든지, 혹은 무릎을 꿇는 일은 나에게 겸손, 감사, 그리고 경외감을 상기시킬 수 있다.

찬양은 우리가 교회와의 일치를 표현하는 데 도움이 된다

바울은 그의 편지들에서 세 번이나 음악 용어인 조화 harmony를 사용한다(롬 12:16; 15:5; 골 3:14). 각 경우들이 음악과 관련된 것은 아니다. 다만 바울은 관계적 일치를 설명하고 있다.

함께 모이는 것은 그 자체로 그리스도 안에서 우리의 일치를 표현하는 것이지만, 함께 찬양하는 것은 그러한 표현과 체험을 심화시키는 기회라고 할 수 있다. 단순히 말씀을 제창으로 낭독하거나 외치는 것보다 찬양하는 것이 오랜 시간 동안 같은 생각과 열정, 그리고 서로에 대한 마음가짐을 전달할 수 있게 한다.

함께 찬양하는 것이 그리스도 안에서 우리의 일치를 표현하는 수단이라면, 그것은 모든 음성들이 중요함을 의미한다. 당신의 목소리를 포함해서 말이다. 개인용 헤드폰이 이제 보편적인 액세서리가 되었지만 주일 아침에는 어울리지 않는다. 하나님이 우리를 부르신 것은 교회에서 단순히 다른 사람들의 찬송을 듣게 하려 하심이 아니라 우리 스스로 찬송하게 하려 하심이다. 다른 아무도 눈치 채지 못할 수 있겠지만 하나님은 모든 음성과 마음을 구별하여 들으실 수 있다(히 4:12).

찬양이 복음 안에서 우리가 일치됨을 표현하는 수단임을 안다고 해서 우리가 찬송하는 곡들을 항상 좋아한다는 것을 의미하는 것은 아니다. 바울의 '시와 찬송과 신령한 노래들'에 대한 언급은 교회의 노래들이 다양해질 것임을 나타내는 말임이 확실하다. 한 가지 음악 양식만으로는 하나님의 영광이나 그분을 향한 적절한 반응을 결코 완벽히 표현할 수 없을 것이다. 바울의 시대에는 교회에서 음악 양식을 놓고 대립이 생기지는 않았지만, 그는 찬양과 관련해서 지혜롭게 골로새 교인들을 권면했다. "너희는 평강을 위하여 한 몸으로 부르심을 받았나니, 그리스도의 평강이 너희 마음을 주장하게 하라"(골 3:15). 우리는 하나님의 영광을 위하여 한 몸으로 찬송한다.

이는 우리가 가장 진실하게 예배하는 때는 비록 우리가 선호하지 않는 찬송이라도 다른 누군가에게 도움이 될 것을 알기 때문에 함께 노래하는 시간이 될 수 있음을 의미한다. 그것은 그리스도의 평강이 우리 마음을 주장할 수 있게 하고 우리 자신보다 이웃을 더 중요하게 생각하는 한 가지 방법이다(빌 2:3).

요한계시록에서 하늘의 천사들은 그들이 사용하는 음악의 양식 때문이 아니라, 그들이 노래하는 찬양에 집중하고 있기 때문에 하나 되어 있는 것이다. 들어보라.

> "죽임을 당하신 어린 양은 능력과 부와 지혜와 힘과 존귀와 영광과 찬송을 받으시기에 합당하도다"(계 5:12)

모든 족속과 언어와 민족과 나라들로부터 온 하나님의 자녀들은 어떤 종류의 음악을 노래할까? 우리는 알지 못한다. 하나님이 말씀해 주신 것도 아니다. 그러나 그 핵심은 알 수 있다. "죽임 당하신 어린 양은 합당하시도다!" 이것이 바로 우리가 지금 그리고 영원히 열정적으로 함께할 수 있는 주제다.

07

더욱 찬양

"나는 항상 소망을 품고
주를 더욱 더욱 찬송하리이다" (시 71:14)

하나님께 드리는 완벽한 찬양에 우리의 가슴과 음성이 함께하게 될 영원한 미래를 바라보며 지난 장을 마감했다. 하지만 우리가 아직 거기에 도달하지 못했다는 것은 너무나 명백하다.

몇 년 전 나는 여러 교파에서 온 찬양 인도자들이 모인 한 컨퍼런스에서 강연한 적이 있다. 어느 저녁 나는 앞줄에 서 있었는데, 사람들은 신학적 깊이가 얕은, 즉 지나치게 많은 회개와 하나님에 대한 우리의 감정과 성취에 초점을 둔 찬송곡들을 노래하고 있었다. 적어도 내게는 그렇게 보였다. 게다가 발표 내용은 진실하다기보다 능수능란한 언변으로 느껴졌다.

얼마동안 고심한 끝에 나는 마음먹은 것을 실행했다. 나는 곡 선정과 지도력 등 부족하다고 느낀 점들을 계속 기록하면서 나의 불만을 감출 수 있었다. 또 다른 하나는 하나님을 찬미하려 애쓰는 것이었다.

나는 수년 동안 비슷한 상황에서 항상 전자를 선택했었다. 그러나 이번에는 하나님의 은혜로 후자를 선택했다. 나는 바닥에 무릎을 꿇고 하나님이 나의 자랑임을 말했고, 하나님의 영광을 좀 더 분명하게 볼 수 있도록 도와달라고 간구했다. 하나님이 누구이신지, 왜 그분이 그토록 위대하신지를 선포하기 시작했다. 나를 용서하시고, 양자로 받아들이기 위해 오신 예수께 감사드렸다. 몇 분 후에 나의 영혼은 갱신되었고, 나의 마음은 나를 위한 하나님의 자비하심에 고정되었으며, 인도자는 더 이상 나의 중심이 아니었다. 예수가 나의 중심이 되었다.

내가 이 이야기를 전하는 것은 회중 찬양이 항상 쉽지만은 않다는 사실을 인정하기 때문이다. 회중 찬양이 항상 쉽기만 하다면, 내가 굳이 두 장에 걸쳐서 이 주제를 다룰 필요도 없었을 것이다. 우리는 회중 찬양을 드린다. 그러나 현실은 많은 그리스도인들이 매 주일마다 그리 좋지 않은 경험들을 갖는다는 사실이다. 이유에는 여러 가지가 있다. 빈약한 지도력, 불충분한 가르침, 숙련되지 못한 찬양 사역자들, 감정주의 등이 이유가 될 수 있을 것이다.

그러나 어떤 상황 속에서든 참된 예배자는 하나님을 예배한다. 그것이 최우선이다. 그래서 나는 수년 간 내가 품어왔던 몇 가지 질문들을 언급하는 것이 유용할 것이라고 생각한다. 나의 질문들은 주의 산만함과 여러 가지 도전들 속에서 하나님을 찬양하는 것에 우선성을 지켜나가는 데 도움이 될 것이다.

만일 노래할 수 없다면?

노래할 수 없다는 것은 여러 방식으로 정의될 수 있다. 일부는 후두염이나 그보다 더 심각한 어떤 질병에 걸려 육체적으로 음악적 소리를 내는 일을 삼가야 할 사람들이 있다. 또 일부는 음악적으로 전혀 훈련이 안 되어 있어서 단순한 멜로디나 리듬 외에는 어떤 것도 따라가기가 버거운 사람들도 있다. 때때로 찬송은 음률이 너무 높거나 낮게 정해지기도 한다. 혹은 인도되고 있는 곡이 익숙하지 않을 경우도 있다. 또 어떤 사람들은 단순히 음치일 수도 있다. 이런 모든 이유들과 그 밖의 이유들 때문에 노래할 수 없는 사람들이 있다.

그래서 하나님이 우리에게 노래하라고 하셨을 뿐 아니라, "너희 마음으로 주께 노래하라"(엡 5:19)고 하신 말씀이 중요하다. 사람들은 우리의 음성으로 하는 노래를 듣지만, 하나님은 우리의 마음으로 하는 찬양을 들으신다. 이것은 우리가 우선적으로 해야 할 일이 자비로우신 하나님에게 우리의 마음이 집중되어 있는지를 확인해야 하는 것임을 알려준다. 즉 맨 처음 찬양을 하도록 한 것이 무엇인지를 확인하는 것이다. 그런 다음 당신이 노래하고 있는 말씀의 진리와 그것이 당신의 인생에 있어서 어떤 의미를 갖는지에 집중하라. 만일 당신이 육체적으로 소리를 낼 수 없다면, 주위의 사람들이 노래하는 소리를 들음으로써 기운을 얻게 될 것이다.

만일 찬양하는 것이 즐겁지 않다면?

주일날 아침에 와서 우리가 가장 하기 싫은 일이 찬양하는 것일 때가 있다. 아마도 당신은 아픈 세 살배기 아이를 돌보느라 밤을 지새웠거나, 갑상선이 지나치게 부어 있다는 것을 지금 막 발견했거나, 혹은 부부싸움을 하고 왔을 수도 있다. 어쩌면 당신은 수년 동안 혹독한 고통을 겪어왔을지도 모른다. 때때로 당신이 표현하기를 소망하는 유일한 감정이 분노, 불안, 분리, 또는 절망과 같은 것일 수도 있다. 그러면 어찌 하란 말인가?

하나님은 단지 우리의 감정을 표현하는 수단으로서만이 아니라 감정에 호소하는 수단으로 찬양을 허락하셨다. 다윗이 능숙하게 그의 수금을 연주하자, 사울의 악령은 잠잠해졌다(삼상 16:23). 욥은 관악을 기쁨을 가져오는 것으로 묘사했으며, 나중에는 슬픔을 반영하는 것으로 말했다(욥 21:12; 30:31). 다윗은 자신이 하나님에게서 멀리 떨어져 있다는 느낌을 인정한 후에 이렇게 기록했다.

"내가 여호와를 찬송하리니 이는 주께서 내게 은덕을 베푸심이로

다"(시 13:6)

마태복음 11장 17절에서 예수는 음악이 사람들로 하여금 춤을 추게도 하고, 비탄에 빠지게도 한다고 말씀하셨다. 실제로 우리가 노래할 때, 우리의 영혼에 미칠 수 있는 가사의 잠재적 효력은 증대된다.

조나단 에드워즈는 그의 고전 〈신앙감정론 *A Treatise concerning Religious Affections*〉에서 이렇게 말한다. "하나님께 찬양을 드려야 할 의무는 전적으로 신앙적 감정을 자극하고, 표현하기 위해 주어진 것으로 보인다. 우리의 감정을 움직이는 경향이 크다는 것만 제외하고는, 산문이나 음악보다 운문으로 하나님에게 우리 자신을 표현해야 할 다른 이유는 없다."[1]

그가 언급하고 있는 '감정'은 우리가 좋아하는 비트나 흥미롭게 여기고 있는 조화로운 화음의 진행을 들음으로써 생겨난 일시적인 음악적 흥분 그 이상이다. 그것은 우리가 하나님과 관계를 맺고 있고, 그의 진리가 우리의 말과 생각, 선택에 어느 정도 영향을 미치는 것을 의미하는 신앙적 감정을 말한다. 우리가 성경적으로, 즉 복음에 기반을 둔 가사들을 소리 내서 찬양하면, 하나님을 향한 우리의 감정이 깊어질 수 있다.

우리가 찬양할 때 언제나 같은 방식이나 동일한 수준으로 작동되지는 않는다. 아무런 느낌이 없을 때도 있을 것이다. 그럴 때도 대답은 찬양을 멈추지 말라는 것이다. 하나님을 향한 강렬한 감정을 느낄 수 있는 은혜를 달라고 하나님에게 외치는 그 자체가 참된 예배자의 징표다. 그리고 그것은 확실히 우리가 이를 악물고 있거나 그냥 그러려니 하고 받아들이는 것보다 훨씬 유익하다.

찬양은 하나님이 사용하시는 도구로서 우리의 마음을 감동시키고, 다시금 믿음을 향해 나아갈 수 있게 한다. 시편기자는 방황 중에도 이렇게 외치며 노래했다.

"내 영혼아 네가 어찌하여 낙심하며 어찌하여 내 속에서 불안해하는가"(시 42:5, 11)

하나님의 은혜로, 그리고 하나님의 때에 슬픔과 고백과 그리움의 노래는 하나님의 비전과 그리스도 안에서 우리를 향하신 사랑이 보다 분명해지기 때문에 결국에는 감사와 희망과 믿음의 노래로 바뀔 것이다.

때로는 우리의 목소리에 대해 다른 사람들이 어떻게 생각할지에 대한 우려가 찬양하고자 하는 우리의 열망에 영향을 끼친다. 당신이 방해가 되는 사람이 되고 싶지는 않겠지만, 옆에 있는 사람이 당신을 어떻게 생각할지에 대한 염려 때문에 열망을 억제하지 마라. 당신이 열정을 억제하지 않고 하나님의 위대하심을 찬양할 때 하나님께 좀 더 영광을 드릴 수 있을 것이다. 당신이 만일 음치라 해도, 조금만 자제하는 것이 좋겠다. 완전히는 말고 말이다.

왜 우리는 옛날 곡들을
그토록 많이 노래하는가?

　단순히 옛날 곡들이라서 반대하는 것은 신곡을 반대하는 것과 마찬가지로 문제가 있다. 우리는 자기가 좋아하는 곡을 노래하고 싶어 한다. 하지만 그 노래가 우리에게 얼마나 친숙한지는 문제가 되지 않는다. 문제는 하나님을 찬미하는 참된 예배자로서 모든 기회를 붙잡을 것인가에 있다.

　오래된 곡들은 지겨워 보일 수 있다. 하지만 꼭 그럴 필요까지는 없다. 단지 음악에만 집중하기보다 우리가 찬양하는 말씀 뒤에 놓인 영원한 실재에 초점을 둔다면, 우리의 시각은 변화될 것이다. 음악은 싫증이 나더라도 예수는 그렇지 않다는 것을 알게 된다. 신앙은 찬양들이 마치 처음 듣는 것처럼 들려지게 할 수 있는데, 이는 그것이 보좌 주위에서 불리는 끝없는 찬양을 어렴풋이 반영하기 때문이다. 익숙한 찬양은 그 뒤에 보이지 않는 영원하고, 순결하며, 불멸하는 영광으로 우리를 좀 더 깊이 밀어 넣는 데 유익하다(벧전 1:4). 우리는 매일 아침, 매시간, 그리고 매 순간 하나님의 자비하심을 새롭게 알게 된다.

　반면에, 신곡들은 어렵다. 마찬가지로 꼭 그렇게 느낄 필요는 없다. 나는 알지 못하는 노래의 모든 음조를 노래해야 한다고 생각하기보다, 때로는 잘 아는 사람들이 부르는 소리를 그저 듣기만 하겠다. 또 다른 사람들의 지도와 그들이 말하는 권고를 받아들일 것이다. 나는 그러한 경우들을 통해 어느 정도 하나님과의 깊은 만남을 가져왔다. 그 노래에 익숙해지면, 나도 따라 부르기 시작할 것이다. 익숙하지 않은 노래라고 해서 하나님을 찬미하는 데 있어서 내 마음을 반드시 고양시킬 수 없는 것은 아니다.

찬양하는 내가 마치 위선자처럼 느껴진다면?

다른 성도와 함께 찬양하면서 당신이 위선자처럼 느낀 적이 있다면, 당신 혼자만 그런 것이 아니다. 회중 찬양이 한창일 때 위화감을 느껴본 사람이 있는가? 다른 사람들은 하나가 되어 있는 것 같고, 행복하고, 진실하며, 선하게 보인다. 이와 대조적으로 당신은 이번 주에 몇 번이나 분노를 억제하지 못했는지, 외설적인 사진을 클릭했는지, 성경공부 대신 페이스북을 들여다봤는지를 생각하고 있다.

어느 주일 아침 나는 운전을 하면서 그 당시 십대였던 아들 디본과 자주 대립이 있었던 문제 중 하나를 놓고 다퉜던 일이 생각났다. 교회에 도착한 후에 나는 그리스도인에 맞는 구차한 변명을 생각하느라 고군분투했다. 하지만 우리가 찬양했을 때, 하나님은 은혜를 베푸사 나의 찬양의 근거가 나를 받아들으신 하나님인 것을 깨닫게 하셨다. 아들에 대한 나의 죄를 나쁘게 생각한 것은 옳았지만, 거기서 그리스도가 십자가에서 이루신 일을 통해 하나님의 용서를 받아들이는 데까지 이르지는 못했던 것이다.

우리가 우리의 죄를 확신하고, 그것을 하나님께 고백함으로 반응하며, 그리스도의 이루신 일 안에서 안식하는 그 모든 것이 찬양을 드리는 근거다. 그것은 위선자가 되는 것이 아니라, 복음의 유익 안에서 살아가는 것이다. 진짜 위선자들은 그들의 죄와 씨름하지 않는다. 그들은 죄속에 빠져 있으면서도 대중적으로는 스스로를 의인인 것처럼 보이려고 애쓴다. 의도적으로 기만한다.

또한 지나치게 우리의 노력이나 헌신을 표현하는 가사로 가득한 곡들을 노래할 때 우리는 위선자처럼 느끼게 되는 시험을 당할 수 있다. 우리가 알고 있는 전혀 진실하지 않은 사람들이 "내가 할 수 있는 모든 것으로 당신을 경배합니다." "전심으로 당신을 예배합니다." "당신 외에는 다른 어느 것도 바라지 않습니다." 등과 같은 유사한 말을 한다면 그것들이 공허하게 들릴 수 있다.

시편에는 전혀 위선적이지 않을지라도 위선적으로 보일 수 있는 수많은 헌신에 대한 표현들이 있다. 가령, 아삽은 이렇게 말한다.

"하늘에서는 주 외에 누가 내게 있으리요 땅에서는 주 밖에 내가 사모할 이 없나이다"(시 73:25)

다윗도 대담하게 다음과 같이 선포한다.

"내가 여호와를 항상 송축함이여 내 입술로 항상 주를 찬양하리이다"(시 34:1)

정말 그럴까? 밧세바를 바라보았을 때를 제외하면 그렇다고 할 수 있다. 그의 신실함과 열망의 고백들은 더 많은 시편에서 발견할 수 있다(시 16:2; 52:9; 75:9; 119:33).

진심어린 표현들은 실질적으로 복음을 통해 우리 가운데 하나님이 행하신 일과 우리의 마음을 연결 짓는 데 도움이 될 수 있다. 우리는 새로운 피조물이 되었으며, 살아 계시고, 참 되신 하나님을 섬기기 위해 우상들로부터 돌아섰다(살전 1:9). 우리는 하나님의 은혜와 그분의 신실하신 약속들이 우리에게 필요함을 깨닫는다.

〈기도지침서 A Guide to Prayer〉란 책에서 아이작 왓츠는 다음과 같이 말했다.

"하나님께 우리의 영혼을 복종시키고, 주님과 영원히 함께 하겠다는, 즉 무엇보다도 주님을 사랑하고, 경외하며, 주님 안에 있기를 소망하고, 거룩한 순종으로 주님의 길로 나아가며, 영생에 이르기까지 주님의 자비를 기대하겠다고 우리는 서약할 수 있다. 그러나 그렇게 서약함으로써 우리의 영혼을 묶는 일은 결코 그렇게 지나치게 빈번하거나 엄숙한 일이 될 수 없다."[2]

아멘!

그와 같은 것들은 유익하다. 여기엔 중요한 두 가지 사실이 있다.

첫째, 우리가 회개하지 않고 죄 가운데 있으면서도 다른 이들이 감동하기를 바란다거나, 또는 우리의 영성으로 하나님을 '바보 취급'하면서 헌신의 가사가 들어있는 찬양을 하고 있다면 잘못된 것이다. 경배의 찬양을 드리는 것은 불순종을 '상쇄'시키는 일이 아니다. 우리가 만일 불순종을 상쇄시킨다는 시각을 갖고 있다면, 위선자이다. 하지만 예수는 또한 그런 위선자들을 위해서도 오셨다. 위선자들도 십자가 앞에 나아올 수 있으며, 그들의 위선이 용서되고 변화되는 은혜를 받을 수 있다. 그들도 기쁨과 믿음으로 헌신을 표현할 수 있는 회개의 열매를 체험할 수 있다.

둘째, 흔들리지 않는 헌신에 대한 표현은 그것을 실현시키기 위해서 규칙적으로 하나님의 은혜를 간구하는 것과 결합되어야 한다. 그렇지 않을 경우 죄에 대한 우리의 싸움이 이미 끝났다고 생각할 수 있다. 그 싸움은 끝나지 않았으며, 우리가 예수를 대면하여 볼 때까지 계속될 것이다. 그러나 우리는 하나님이 그분의 율법을 우리의 마음에 새기셨으며(렘 31:33), 하나님을 향한 우리의 사랑은 하나님이 직접 복음을 통해 우리 안에 두신 것임을 확신할 수 있다. 그러므로 우리는 깊은 감사와 경이를 갖고서 "나의 영혼이 잠잠히 하나님만 바람이여"를 찬송할 수 있다.

마음이 흐트러질 때
어떻게 해야 하는가?

아마 우리가 교회에서 직면하는 가장 큰 도전 가운데 하나는 분열일 것이다. 교회는 우리의 고유한 사고들, 관계의 문제와 다툼들, 걱정과 근심들로 인해 내적으로 흐트러지기에 충분하다. 그러나 마음의 심란함은 외부로부터 올 수도 있다. 당신의 바로 뒤에 시끄럽고, 음악적으로 부족한 보컬리스트가 있을지도 모른다. 당신에게는 지나치게 표현이 풍부하거나 혹은 아주 무뚝뚝한 인상의 인도자나 밴드의 일원이 있을 수도 있다. 당신의 정신을 흩트리는 것이 어쩌면 영사되고 있는 가사 뒤에 보이는 똑같은 이미지들이나 육아 모임에 대한 순간의 장면일 수도 있다. 혹은 실내온도가 될 수도 있을 것이다. 당신이 음악을 하는 사람이라면, 잘못 조합된 음악 때문에 괴로울지도 모른다.

불평할 게 없는 모임은 매우 드물다. 그러나 참된 예배자들에게 문제는 언제나 생각과 감정과 의지 안에 있는 그리스도 안에서 하나님의 영광을 찬미하는 일에 어떻게 응답할 수 있을까 하는 것이다.

일반적으로 우리가 할 수 있는 첫 번째 일은 우리가 쉽게 마음이 분열될 수 있음을 인정하는 것이다. 이는 우리의 타락의 표시이다. 하지만 우리는 일어나고 있는 일에 대해 불평하기보다, 우리의 속단과 하나님에 대한 사랑의 부족함을 고백할 수 있다. 우리는 분별력을 잃어버려선 안

된다. 그러나 분별력은 우리가 찬양할 때 여러 도전들을 통과하여 그리스도의 달콤함을 맛보게 하는 행운을 능가하진 못한다.

당신의 불완전함을 고백한 후에, 조금이라도 찬양할 수 있게 하신 하나님의 은혜에 대하여 생각할 수 있도록 하나님께 도움을 간구하라. 잊지 말라, 예배는 우리가 해야 하는 임무이기 이전에 우리가 받은 선물이다. 그리스도의 대속적인 죽음이 아니었다면 우리는 하나님의 의의 심판과 저주 아래 있었을 것이다. 그러나 우리는 그렇지 않다. 그리고 그것은 우리가 마주하는 어떤 장애물에도 불구하고 하나님의 영광을 위해 노래하는 이유이다.

당신이 만약 주위의 사람들로 인해 마음이 심란해진다면, 그리스도가 당신과 그들의 제물, 둘 다 흠이 없게 하셨음을 생각하는 게 도움이 될 수 있다. 우리의 목소리가 거룩하신 하나님께 어떻게 들릴지 상상해 보라! 이는 마치 세 살배기 여자 아이가 막대기 모양의 그림을 자기 아빠에게 가져오는 것과 같다. "보여? 아빠, 아빠를 위해서 내가 그린거야!" 아빠는 그 그림이 잘 그려졌기 때문이 아니라, 그 뒤에 있는 마음 때문에 기쁨으로 받아든다. 우리의 경우에, 성부 하나님은 우리가 가져오는 것이 단지 우리의 신실한 마음에 기초해서 만이 아니라, 예수가 모두를 위해 단 번에 드린 자신의 완전한 제물을 통해 우리의 예배를 받으실 수 있는 것으로 만드셨기 때문에 받아들이신다(벧전 2:4~5).

인도자는 수많은 사람들의 마음을 흩트리는 어떤 일을 하거나 혹은 그런 일에 책임이 있는 경우도 있다. 그럴 땐 먼저 당신의 마음을 찬찬히 들여다본 후에, 당신이 경험했던 것에 대한 얘기로 인도자에게 다가가는 것이 좋다. 무엇이든 인도자의 신실함이나 성과에 대한 감사를 표현하는 것으로 시작하라. 그런 다음 개개의 문제에 대해 질문을 던져라. 당신의 생각을 오로지 겸손한 자세로 말해야 한다. 분명하게 말하되, 기분 나쁜 심판 투로는 하지 말라. "왜 당신은 세속적이고, 신앙적이지 않은 기술들을 교회 안으로 들여오려 하고, 사탄이 교회에 들어올 수 있는 발판을 제공하려고 고집을 부립니까?"라고 말하는 것보다, "움직이는 조명이 좀 부산스럽게 만드는 것 같습니다."라고 말하는 편이 훨씬 잘 받아들여질 것이다. 이것을 당신이 단순히 비판만 하거나, 투덜거리지 않고 교회를 섬기고자 한다는 사실을 분명하게 하는 방식으로 공유하라. 인도자는 그들이 하고 있는 일이 사람들에게 어떤 영향을 미치는지를 항상 알 수는 없다.

만일 당신의 인도자가 당신의 관심사를 반영한다면 멋질 것이다. 그러나 그렇지 않다면, 그건 어쩌면 인도자의 생각이 당신의 생각과 같지 않거나, 당신이 너무 많은 문제를 제기한다고 여길 수도 있다. 믿든, 믿지 않던 교회의 역사 속에서는 그런 일이 종종 있어왔다. 또는 인도자가 종종 교회 안에 있는 사람들로부터 서로 상충되는 의견들을 듣기 때문일 수 있다. 결국, 그들은 하나님께 자신의 선택에 대한 책임을 져야 한다.

당신에게 마음이 흐트러지는 경험이 계속되거나, 그것이 신학적 문제와 관련되어 있다면, 찬양 인도자에게만이 아니라 당신의 목회자와도

진지한 대화를 갖는 것이 좋다. 경우에 따라서 당신은 하나님이 당신을 다른 교회로 이끄시는지, 그렇지 않은 지를 놓고 씨름해야 할 수도 있다. 하지만 당신이 어떤 결정을 내리기 전에 먼저 기도의 시간을 갖거나 당신의 인도자와 겸허한 대화를 갖기 바란다.

만일 우리가 찬양하는 곡들이 신학적인 내용 면에서 빈약하다면?

모든 교회가 찬양하는 곡들이 그리스도의 말씀 안에서 풍성하며, 또 성경적으로 신실하고, 신학적으로 치열한 것이기를 기도하지만, 언제나 그럴 수는 없다는 것을 안다. 당신의 인도자가 우리의 영혼을 만족케 할 수 있는 곡보다, 감정이나 대중성에 이끌려 선곡하는 것처럼 생각된다면 당신은 어떻게 하겠는가?

빈약하고 공허한 가사의 곡들이라 해도 그 안에 우리가 성경적 진리를 끌어들여 노래할 수 있을 것이다. 나는 종종 인도 되고 있는 찬양에 직접 가사를 추가해서 노래한다. 예를 들면, "찬양받기에 합당하신 주님"이라는 가사를 반복적으로 노래할 때, 당신은 주님에게 그렇게 합당하신 특별한 이유에 대해 말할 수 있다. 즉 "당신은 나를 구원하셨습니다, 모든 것을 아십니다, 당신의 은혜로우심은 끝이 없으십니다, 당신은 만물을 다스리십니다."라고 말하는 것이다.

그런데 찬양의 신학적 빈약함의 문제가 교회에서 지속되고 있다면, 당신의 목회자에게 겸손히 다가가 그의 견해를 물어보는 것이 가장 좋을 것이다. 찬양하고 있는 곡의 신학적 무게에 대해 당신이 표현하는 염려로 인해 하나님이 역사하실지 누가 알겠는가?

간주 중에는 어떻게 해야 하는가?

하나님은 찬양, 슬픔, 축하, 경외, 사랑, 기쁨의 말씀들을 우리 입술에 두신 수만 곡의 찬송들로 교회를 축복하셨다. 그런데 악기들이 간주 부분을 연주할 때 우리는 어떻게 해야 할까? 기악만 연주되거나, 곡 전환을 위한 연주가 좀 더 추가되거나, 혹은 마무리 연주를 늘리거나 할 때 우리는 어떻게 반응할 수 있을까?

당신은 원치 않게 관람객이 되거나, 청중이나 팬, 그도 아니면 그저 바라보는 사람이 되어 버린다.

그런데 우리는 찬양할 때처럼 다 같이 우리의 마음과 생각과 몸으로 하나님을 찬미하는 일에 참여하는 것을 목표로 한다. 그리고 그렇게 할 수 있는 다양한 방식들이 있다. 먼저 우리는 찬양 사역자들의 연주를 들으면서 능숙하게 연주되는 음악의 선물에 대해 하나님께 감사할 수 있다. 그보다 더 많은 일도 할 수 있다. 우리가 막 부른 찬양의 가사들을 음미하거나 그것을 깊이 묵상하는 시간을 가질 수도 있다. 우리 스스로에게 성경을 적용할 수 있고, 기도할 수 있다.

만일 당신이 정말 모험적이고, 그것이 교회에서 그렇게 부적절하게 여겨지지 않는다면, 찬양하고 있는 곡의 악구들을 가져다가 그것을 발전시킬 수도 있다. 찬송 가사를 기도하는 것처럼 표현해 보고, 당신이 막 부른 찬양에 답가를 해 보라. 예를 들면, "이 몸의 소망 무언가"라는 곡의 간주 중에 당신은 "나의 결코 변치 않으시는 나의 바위가 되신 주님, 나는 어떤 시련에도 당신을 신뢰하며, 당신 안에서 안위하기를 소망합니다."와 같은 말로 노래할 수 있을 것이다.

하나님은 결코 말씀이 반영되어 있는 곡이나, 찬송가에 있는 곡으로만 우리가 찬양해야 한다고 말씀하지 않으셨으며, 즉흥적인 찬양이라도 우리가 선포하는 진리를 묵상하는 도구가 될 수 있다.

새로운 교회가 완전히 다른 양식이나 예전을 갖고 있다면?

한 교회에서 다른 교회로 옮기는 것은 힘든 과정이 될 수 있다. 새로운 구조, 새로운 인도자, 일을 하는 새로운 방식, 새로운 찬송들과 새로운 상황, 새로운 예전 등을 접하게 되기 때문이다. 우리들 대부분은 관습적이어서 낯선 것보다는 익숙한 환경을 선호한다. 하지만 변화는 우리의 근원이 어디에 있는지, 우리가 무엇을 진심으로 신뢰하는지를 발견하는 기회를 제공하기도 한다. 또한 그렇게 하지 않았더라면 알지 못했을 하나님에 관한 것을 가르쳐주기도 한다.

당신이 만약 큰 교회에서 작은 교회로 옮겼다면, 당신은 하나님이 요란하고 인상적인 방식으로만이 아니라, 조용하고 평범한 방식으로도 역사하신다는 사실을 발견할 것이다. 만일 당신이 격식을 차린 예전으로 예배하는 교회에서 그보다는 좀 유연한 교회로 옮겼다면 보다 즉흥적인 찬양의 표현으로 인해 신선함을 느낄 수도 있다. 당신이 또한 다른 경향의 교회로 옮겼다면, 당신은 설교, 기도, 성경읽기, 성만찬 등의 전형적인 매체들을 통해 알려진 그분의 약속을 하나님이 어떻게 실현시켰는지를 훨씬 잘 이해하게 될지 모른다.

참된 예배자들은 성령의 능력 안에서 그리스도를 통해 하나님께 이른다. 그리하여 우리는 하나님의 말씀에 응하여, 또 그분의 말씀의 권세 아래에서 행한다. 그 밖의 다른 모든 것들은 우리가 하나님께 찬양과 헌신을 드리는 다양한 환경과 방법들, 즉 도구들이다. 어떤 상황 속에서든, 하나님은 직접 우리가 예수 그리스도를 통해 고백과 찬미와 감사와 축하의 찬송을 드릴 수 있게 하신다.

우리가 만나는 모든 장애물, 주의 산만함, 시련 등을 어둠으로부터 주님의 경이로운 빛으로 우리를 인도하시는 하나님의 탁월하심을 선포할 새로운 기회로 여기게 하옵소서.

08

하나님의 임재

"그러나 다 예언을 하면 믿지 아니하는 자들이나 알지 못하는 자들이 들어와서
모든 사람에게 책망을 들으며 모든 사람에게 판단을 받고
그 마음의 숨은 일들이 드러나게 되므로 엎드리어 하나님께 경배하며
하나님이 참으로 너희 가운데 계시다 전파하리라" (고전 14:24~25)

내가 가장 좋아하는 전기 중 하나는 론 처노가 쓴 〈알렉산더 해밀턴 Alexander Hamilton〉의 전기다. 해밀턴(1757~1804)은 한 번도 미국의 대통령으로 봉사한 적이 없지만, 대통령을 지냈던 많은 사람들보다 훨씬 큰 영향을 끼쳤다. 그는 열렬한 헌법 수호자였으며, 초대 재무 장관으로서 미국의 재정 시스템의 기초를 놓았다.

그의 전기를 읽는 동안 나는 그에게 매료되었다. 해밀턴이 내게 생생하게 다가왔다. 마치 내가 그를 잘 알고 있어서 특정한 상황에서 그가 할 행동을 예상할 수 있을 것만 같았다. 나는 아주 처음부터 해밀턴이 결국 아론 버와의 명예로운 결투에서 사망할 것을 알고 있었다. 그러나 막상 708페이지에서 그의 삶이 마침내 끝나고 나자, 마치 나의 절친한 친구를

잃은 것처럼 느껴졌다.

책을 다 읽은 후에도 나는 종종 해밀턴을 떠올리곤 했다. 그런데 분명한 사실은 그를 만나는 일은 결코 상상조차 할 수 없다는 것이다. 그의 목소리를 듣거나 식료품점에서 우연히 마주칠 일도 없다. 왜냐하면 해밀턴은 200년 전의 인물이기 때문이다. 그는 이미 사망했다. 내가 지금 그를 만날 수 있는 유일한 방법은 그저 생명 없는 책을 통해서다.

내가 놀라워하는 사실은 아주 많은 사람들이 하나님을 알고, 예배하는 일과 관련해 마치 전기의 주인공에게 하는 것처럼 하나님께 다가간다는 것이다. 과거에 그가 행하신 일은 알지만, 현재 임하신다고는 생각지 않는다. 하나님을 찬송하지만, 실제로 그분과 함께 한다고는 기대하지 않는다. 하나님의 말씀을 듣고, 읽지만 그것은 책 속에 있는 역사, 원리, 지침, 약속에 지나지 않는다. 물론 아주 특별한 책이긴 하지만, 그래도 책일 뿐이다.

성경은 오래 전의, 이제는 존재하지 않는, 죽은 신의 전기가 아니다. 알렉산더 해밀턴은 죽었지만, 예수 그리스도는 살아 계시다.

성경이 우리의 경건한 삶에 필요한 모든 것을 제공하기에 충분하다고 말할 수는 없다. 왜냐하면 하나님의 임재와 능력은 성경에 국한되어 있지 않기 때문이다. 성경은 가까이에 계시고, 역사하고 계시며, 임재하시며, 우리와 함께하시는 하나님을 증거할 뿐이다. 하나님은 인격적이시다. 하나님은 우리가 정신적으로, 정서적으로, 심지어 경우에 따라서는 육체적으로 체험할 수 있다.

육체적으로 하나님을 체험한다고 해서 떨림이나 기이한 일, 혹은 정서적 과잉을 말하는 것이 아니다. 내가 말하는 것은 하나님을 믿을 뿐 아니라, 그분을 살아 계시고, 역사하시며, 우리와 함께하시는 분으로 아는 참된 예배자들을 하나님이 찾고 계시다는 사실을 인정하고, 감사하는 것에 대한 것이다. 즉 하나님을 어떤 이념, 철학, 사회적 구성체, 정치적 체계, 혹은 무생물적 물체로 알지 않고서 말이다. 참된 예배자들은 머리의 지식을 포함하여, 그러나 그것을 넘어서 하나님과 관계한다. 예수는 살아 계시고, 우리가 그를 인격적으로 알기를 바라신다.

우리의 예배는 단지 하나님에 관한 것만이 아니라, 하나님이 함께하시는 것이다. 또한 예배는 단지 하나님께 드리거나 하나님을 위한 것만이 아니라, 우리가 하나님을 만나고, 하나님과 함께하는 방식이기도 하다. 우리가 하나님을 만날 수 있게 하시는 이는, 내 방식대로 설명하자면, 성령의 위격으로 계신 하나님 자신이시다.

성령과 하나님의 임재

바울은 빌립보 교인들에게 성도란 '하나님의 성령으로 봉사하며 그리스도 예수로 자랑하고 육체를 신뢰하지 않는' 사람들이라고 말한다(빌 3:3). 성령은 처음에 우리의 눈을 열어 죄를 보게 하시고, 완전한 용서를 위해 우리의 마음이 구세주를 신뢰하도록 이끄신다(요 3:5; 16:7~9; 롬 8:15).

예수 그리스도를 떠나서는 절대 아버지 하나님을 예배할 수 없는 것처럼, 성령을 떠나서는 예수 그리스도를 섬길 수 없다. 한 저술가는 매우 강한 어조로 "만일 예배자들이 의식적으로 성령을 의지하지 않는다면, 그들의 예배는 진실로 그리스도인의 것이라 할 수 없다."[1]고 했다.

성령의 우선적인 목표는 우리로 하여금 예수를 좀 더 닮게 하여 그분을 영화롭게 하는 것이다(요 15:26; 16:14; 고후 3:18). 성령은 다양한 방식으로 그것을 성취하신다. 그분은 우리에게 하나님의 자녀임을 확증하시고, 하나님이 우리에게 은혜로 주신 것들을 나타내신다(롬 8:15; 고전 2:12). 시련 가운데서 우리를 위로하시고, 혼돈 가운데 빛을 비추시며, 이웃들을 섬기고, 하나님 아버지의 기쁨과 아들의 영광을 위해 무엇이든 할 수 있는 힘을 주신다(행 9:31; 고전 12:4; 히 6:4). 이러한 방식들과 그 이상으로 성령은 우리를 구원하신 구세주를 좀 더 닮을 수 있도록, 그리고 아버지의 사랑을 더욱 알도록 우리의 삶에 복음을 적용시키신다.

또 다른 방법은 우리에게 성령의 임재와 능력을 일깨워줌으로써 우리를 그리스도의 형상과 같게 하는 것이다.

J. I. 파커는 이것을 다음과 같이 설명한다.

"성령은 성도들과 교회에게 그리고 성도들과 교회와 함께 부활하여 권좌에 앉으신 구세주의 인격적인 임재를 알리신다. 그분은 모든 세대의 죄인들이 하나님의 실재를 마주할 수 있도록 힘과 능력을 주시고, 그들을 깨끗케 하시고, 인도하신다. 그리고 성령은 사랑과 신뢰와 영광과, 찬양을 받으실만한 그리스도를 알리기 위해 그렇게 하신다. 새 언약 아래에서 구별하시고, 지속하시는 성령의 기본적인 사역은 믿는 자들에게 그리스도의 임재를 전하는 것이다."[2]

신학자 웨인 그루뎀은 파커가 말한 성령의 주된 역할에 대해 동의한다. 즉 성령은 "새 언약의 시대에 하나님의 임재를 증거하시고, 하나님의 임재를 알게 하는 징후를 나타내신다."[3]

당신은 하나님이 지금 우리와 함께하신다는 사실을 어떻게 알 수 있는가? 당신은 얼마나 자주 교회 안에서 다른 이들과 함께하며, 심지어 하나님이 거기에 계신다면 그것을 어떻게 생각하는가? 우리는 하나님 임재의 어떤 증거가 꼭 있어야 하는가? 만일 그렇다면 그 증거들은 어떤 모습일까? 참된 예배자들이 하나님을 만나려 할 때, 그 만남을 돕거나 방해할 수 있는 일은 어떤 것들이 있을까?

구별의 특징

많은 그리스도인들에게 하나님의 임재를 추구하도록 장려하는 일은 그들을 혼란스럽고, 두렵거나, 혹은 무관심한 상태가 되게 한다. 게다가 이 책에 언급된 모든 것, 즉 받아들이고, 찬미하며, 모이고, 세우고, 찬양하는 일들을 한다 해도 여전히 하나님이 멀게만 느껴지거나 함께하시지 않는 것처럼 생각될 수 있다.

우리는 하나님과 함께 해야 함을 알고 있지만, 그 방법이 어떤 것인지 확신하지 못한다. 그래서 그냥 시늉만 할 뿐이다. 성령을 약간 무슨 별책부록처럼 여긴다. 그분은 뭔가를 위해 거기 계시지만, 우리는 그게 무엇인지 확신하지 못한다. 그래서 우리가 여하튼 성령을 잃어버린다 해도, 상황이 달라질 것 같진 않다.

반면에 일부 신자들은 성령이 자신의 가장 절친한 친구라고 얘기한다. 성령은 그들과 함께하실 뿐 아니라, 끊임없이 그들에게 말씀하신다. 성령은 그들에게 차를 어디에 주차할지, 점심으로 뭘 먹을지, 어디가 낚시하기에 가장 좋은 지점인지 등을 말씀하신다. 그들의 삶은 감동으로 가득하다.

하나님에 대한 우리의 인식과는 상관없이, 그분의 임재는 언제나 그분의 백성들을 구별하시는 특징을 지닌다. 하나님은 동산에서 아담과 하와와 함께 거니셨고, 회막과 성전을 통해 이스라엘 백성들과 함께 거하셨다. 모세는 하나님의 임재가 지상의 모든 민족들 가운데에서 이스라엘 백성들을 구별하는 것이라고 말했다(출 33:14~16). 구약성경이 거의 끝나갈 즈음, 에스겔은 성전이 마침내 회복되어지고, 성전이 세워진 그 성읍이 '여호와 삼마(여호와가 거기 계시다)'로 불리게 되리라고 예언했다(겔 48:35). 예수는 임마누엘(하나님이 우리와 함께 계시다)이셨고, 지금도 그분의 거룩한 영으로 개인적으로든, 공동체적으로든 우리 안에 거하신다(고전 3:16; 6:19). 그리고 어느 날, 우리는 영원히 하나님의 임재 안에 있게 될 것이다(계 22:4~5).

우리를 하나님의 백성으로 구별하시는 하나님의 임재에 대해 우리가 응답해야 함을 말하는 것은 결코 지나친 것이 아니다. 시편 105편 4절은 다음과 같이 우리를 촉구한다.

> 여호와와 그의 능력을 구할지어다
> 그의 얼굴을 항상 구할지어다!

그러나 우리는 어떻게 하나님 말씀의 충분한 공급에 지속적으로 감사하면서 하나님의 임재를 맞이하고자 더욱 열망할 수 있는가? 우리는 하나님을 만나는 데 있어 어떤 종류의 만남을 기대해야 하는가? 하나님을 만나고 경험하는 것에 대해 이야기하는 것은 주제넘은 말이 아닐까?

성경은 이러한 질문들에 대한 답으로 하나님의 임재에 대해 생각하는 네 가지 방식을 설명한다.

무소부재하신 하나님을 인정하라

성경은 하나님이 모든 곳에 계시다고 말한다.

> "내가 주의 영을 떠나 어디로 가며 주의 앞에서 어디로 피하리이까? 내

가 하늘에 올라갈지라도 거기 계시며 스올에 내 자리를 펼지라도 거기 계시니이다 내가 새벽 날개를 치며 바다 끝에 가서 거주할지라도 거기서도 주의 손이 나를 인도하시며 주의 오른손이 나를 붙드시리이다"(시 139:7~10)

우리가 갈 수 있는 그 어디에도 하나님이 계시지 않는 곳은 없다. 하나님은 모든 것을 아시고, 모든 것을 보신다. "지으신 것이 하나도 그 앞에 나타나지 않음이 없고 우리의 결산을 받으실 이의 눈앞에 만물이 벌거벗은 것 같이 드러나느니라"(히 4:13). 하나님의 무소부재하심은 성경의 가장 경탄스러운 전제이다. 나는 내가 동시에 두 군데 있을 수 있었으면 좋겠다고 생각한 적이 많다. 그런데 하나님은 동시에 두 군데 뿐 아니라 모든 곳에 계시기도 하다.

하나님은 그의 임재를 모든 곳에, 그리고 언제라도 알리실 수 있다. 왜냐하면 그분은 이미 거기에 계시기 때문이다.

하나님의 약속하신 임재를 고대하라

하나님은 또한 특별한 방식으로 때마다 우리와 함께하시겠다고 약속하셨다. 그분의 임재는 특별히 '성령 안에서 하나님이 거하시는 처소'인 교회에 약속되었다(엡 2:22). 하나님은 말씀을 선포하실 때 능력의 말씀으로 우리와 함께하신다(고전 2:4). 우리가 성만찬을 행할 때, 우리가 거행하고 있는 것은 단순한 기념이나 상징, 그 이상이다. 부활하신 구주는 그분의 화해의 사역을 기억하는 믿음을 통해 우리와 함께하신다. 그리하여 우리와 주님과의 연합은 심원한 방식으로 새롭게 강화된다(고전 11:27~32).

때로 우리는 하나님의 약속하신 임재를 인식하지만, 그렇지 못할 때도 있다. 하지만 그분이 우리와 함께하신다는 것을 믿는 것은 특별한 열매를 가져온다. 우리는 가까이 계시는 하나님으로 인해 위로를 받는다. 우리가 행하는 모든 일에 하나님을 인식하면 그 태도가 진지해질 것이다. 고통스런 상황 가운데에서도 확신을 얻게 될 것이다.

물론 우리가 기대하지 않았던 강력한 주님의 임재를 느낄 때도 있다. 갑작스러운 평강의 물결이 우리를 덮친다. 우리 마음의 깊은 곳에서부터 억제할 수 없는 기쁨이 솟아오른다. 우리는 우리의 죄를 깨닫게 하시려는 성령의 시련을 달게 받는다. 그러한 순간에 하나님의 임재가 우리 가운데 임하는가? 우리가 하나님의 임재 속으로 인도되는가? 아니다. 하나님은 처음부터 거기 계셨다. 우리는 다만 그것을 더 많이 인식할 뿐이다.

D. A. 카슨은 우리가 예배 활동을 함께할 때, 어떻게 '고무되고, 교화됨을 느끼는지' 관찰했다. 그 결과는 "하나님의 사랑과 진리에 대한 깨달음이 우리를 새롭게 하고, 예배와 행함을 통해 응답하도록 우리를 이끄신다."는 것이다. 카슨은 다음의 진리를 깨닫게 한다. "객관적으로 우

리를 하나님의 임재 가운데로 인도하는 것은 구주 예수의 죽음과 부활이다." 그리하여 그는 우리의 예배 행위가 하나님의 임재를 가까이 가져온다고 생각하기 시작하면, '머지않아 우리는 그런 예배를 가치 있고 유익하거나 또는 그와 유사한 것으로 여기게 될 것'이라고 경고한다.[4]

카슨은 그리스도인들을 항상 유혹하는 신비주의의 문제를 말하고 있다. 그것은 그리스도나 그의 완수된 사역 없이도 하나님께 가까이 나갈 수 있다고 말한다. 즉 우리가 하나님께 다가가는 일을 가능하게 하신 예수의 사역에 대한 인식 없이 하나님의 직접적인 임재를 경험할 수 있다는 것이다. 그런 종류의 이해는 하나님의 임재를 거듭 경험하기 위한 확실한 조합, 알맞은 암호, 적당한 '비밀' 등을 추구하도록 우리를 이끈다.

'어쩌면 그것은 내가 손을 들어 올리는 방식이었을지도 모른다.'

'기름 부음의 찬송을 합창하는 부분에 이르면 항상 그런 경험을 한다.'

'매번 아만다가 노래할 때마다 그런 경험이 일어난다.'

'촛불이 도움이 되는 것 같다.'

분명히 하자. 어떠한 예배 인도자나 목사, 혹은 찬양 사역자도 우리를 하나님의 임재 가운데로 데려갈 수 없다. 특별한 기도, 특별한 예전, 성화된 물건, 적절한 몸짓이나 확실한 마음가짐 등도 그렇게 할 수 없다. 오직 예수만이 우리를 하나님의 임재 가운데로 이끄시며, 그것은 그분의 임재로부터 우리를 분리시켰던 하나님의 심판의 휘장을 영원히 걷어내신 대속적인 죽음을 통해 성취하신 것이다(히 10:19~22). 우리가 살아 계신 하나님을 만날 수 있는 것은 오직 예수가 완수하신 구속의 사역을 철저히 믿음으로써 가능하다. 오직 그리스도만이 우리를 진실로 아버지께 가까이 이를 수 있게 하신다.

우리가 하나님을 찬송할 때 그의 임재를 더 많이 인식할 수는 있겠지만, 자신을 우리에게 알리시기 위해 하나님에게 음악이 꼭 필요한 것은 아니다. 해럴드 베스트는 이 문제를 잘 설명했다. "기독교 찬양 사역자들은 음악이 사용될 때에 그렇지 않을 때보다 더 많이 하나님이 임재하시는 듯한 인상을 만들어 낼 수 있다. 그러한 예배는 음악이 없을 때보다 음악이 있을 때 가능해진다. 그래서 하나님의 임재는 그분의 나타나심보다도 음악의 존재 여부에 달려있는지도 모른다."[5]

우리는 이점에서 '하나님의 임재 가운데로 우리를 인도한다'는 인도자들에게 감사하지 않는 편이 더 좋을 수 있다. 대신에 우리는 그들의 능숙한 인도와 음악적 재능, 구상, 열정, 하나님의 말씀과 복음을 선포하려는 헌신 등에 대해 감사할 수 있다. 그것들은 모두 하나님이 사용하시는 도구들로서, 우리로 하여금 하나님의 임재 가운데로 인도하기 위해 예수가 이미 이루신 일들을 새롭게 깨닫도록 한다.

그러면 우리는 하나님의 약속하신 임재를 체험하는 것, 임재에 참여하는 것과 단순히 창의적인 편곡이나 놀랄 만큼 훌륭한 가창 연주, 대규모의 합창이나 아름다운 멜로디로 인해 감동을 받는 것의 차이를 어떻게 말할 수 있는가? 우리가 무엇에 집중하는지와 그 열매를 살펴봄으로써 가능하다. 만일 우리가 기억할 수 있는 전부가 창의적인 기악의 편성이 어땠다든가, 조명이 어떻게 훌륭했다든지 하는 것이라면, 우리는 확실히 감정적으로 감동된 것이지 영적으로 변화된 것은 아니다. 일반적으로 하나님을 만나는 것은 그분의 말씀에 대한 더 많은 갈급함이나, 구주에 대한 더욱 깊은 사랑, 또는 거룩한 삶에 대한 더 큰 열정을 느끼는 것과 같은 열매를 낳는다. 하나님은 우리를 감동시키시기 위해 음악을 사용하실 수 있지만, 음악은 결코 그의 임재를 매개할 수 없다. 그것은 오직 예수만이 하실 수 있다.

그러나 하나님이 그의 백성들 가운데 거하시겠다고 약속하셨다는 사실은 여전히 남아 있다. 이는 하나님이 전적으로 우리에게 은혜를 베푸시기 원하신다는 사실을 말해준다.

체험이 있는 하나님의 임재를 추구하라

하나님이 작정하신 바대로 그분의 임재를 드러내는 경우, 그 임재의 보다 명백한 증거를 쫓아 어디로든 떠나야 하는가? 우리는 하나님이 우리와 함께하신다는 믿음을 넘어서 그분과 만나기를 소망해야 하는가?

물론 당연히 그렇다. 영국의 목회자 그래함 해리슨의 다음과 같은 말을 곰곰이 되새겨보라.

하나님의 사람들에게 성경만큼 하나님의 명백한 임재를 대신할 수 있는 것은 없다. 하나님의 임재가 경험되지 않는다면, 그들은 자신의 지속적인 의무를 소홀히 하지 않고, 또 현재의 축복을 무시하지 않으면서 겸손히 하나님께 그의 임재를 구해야 하지만, 최대한 하나님과 함께 해야 하고, 아들의 피로 구원하시고, 성령의 사역으로 다시 살아난 사람들과 교제하기를 원하시는 아버지를 항상 인식하고 있어야 한다.[6]

비록 하나님이 동시에 편재하실지라도, 종종 그의 임재를 드러내실 곳을 택하신다. 그분은 불타는 떨기나무로 모세에게 나타나셨다(출 3:2). 하나님은 이스라엘 백성들이 광야를 지나는 동안 그들과 더불어 성막 가운데 거하셨다(출 29:42~45). 또 하나님은 제자들이 기도하는 방을 진동시키셨으며, 베드로의 그림자가 지날 때 치유의 능력을 나타내셨다(행 4:31; 5:15).

이 세상의 참된 예배자들은 하나님의 임재에 대한 더 큰 이해와 하나님과의 만남 및 그분의 성품을 언제나 갈망할 것이다. 우리는 하나님의 축복과 현재의 체험에 더 감사할 수 있지만, 더욱 기도하고, 그분의 능력과 영광과 아름다움에 대한 더 큰 증거를 열망해야 한다. 또한 우리는 비록 성령의 활동을 조정할 순 없지만, 그것을 동경하고, 기대할 수 있으며, 성령이 역사하시도록 준비할 수 있다.

초대교회의 예들은 하나님의 주권을 신뢰한다고 해서 하나님께 실증적인 방식으로 우리에게 그분의 임재와 능력을 나타내 보여 달라는 요청을 할 수 없는 것이 아님을 보여준다. 사도행전 4장 말미에서 사도들은 그때까지 일어났던 모든 일들을 지시하신 하나님에 대한 철저한 확신을 나타냈다. 헤롯과 빌라도, 이방인과 유대인들은 모두 '하나님의 권능과 뜻대로 이루려고 예정하신대로' 행했다(행 4:28). 하지만 그처럼 하나님이 예정하신대로 이루어진다 해도 그들을 통해 놀라운 일을 하실 것이라는 사도들의 기대는 조금도 감소되지 않는다. 그들은 더 많은 사람들이 예수께 영광을 드릴 수 있도록 "손을 내밀어 병을 낫게 하여 달라"는 기도를 드렸다(행 4:30). 하나님의 주권은 그분의 역사하심에 대한 기대와 체험이 있는 임재를 위한 기초이다.

참된 부흥은 임재와 권능으로 그분의 백성들을 방문하시는 살아 계신 하나님의 무수한 예들로 가득 채워진다. 하나님의 정상적인 역사하심은 그들의 활동의 강도와 범위를 증대시킨다. 사람들은 자신의 죄에 대한 가책으로 짓눌리고, 울음을 터뜨리며, 하나님에 대한 두려움으로 인한 주체할 수 없는 떨림, 그리고 설명할 수 없는 평안과 기쁨을 경험한다. 미온적인 그리스도인들이 회개하고, 죄인들이 변화되며, 평범한 행위들이 비범한 능력을 수반한다. 하나님은 당신의 영광을 위해 임재를 드러내신다. 그런데도 오늘날 우리 가운데 그와 유사한 하나님의 역사를 추구하고 싶지 않을 이유가 있겠는가?

우리의 그러한 추구를 돕는 세 가지 태도가 있는데, 철저한 의존, 간절한 기대, 그리고 겸손한 응답이 그것이다.

철저한 의존

'이 세상 험하고'라는 찬송가의 첫 줄, 즉 '이 세상 험하고, 나 비록 약하나'는 하나님 앞에서의 일관된 나의 상태를 깨닫게 한다. 더군다나, 사악한 욕망이 나의 마음과 싸우고 있다(벧전 2:11). 세상은 계속해서 내게 비도덕적인 쾌락을 즐기고, 불신앙의 태도를 몸에 익히며, 지나가 버릴 자랑거리를 위해 살라고 한다(요일 2:15~17). 마귀는 우는 사자와 같이 권모와 술수로 두루 삼킬 자를 찾는다(벧전 5:8).

나는 철저히 의존적일 수밖에 없다. 그리고 당신도 그러하다.

하나님은 우리를 돕기 위해 성령을 보내셨다. 그리하여 성령이 처음 하신 일은 우리에게 하나님의 말씀을 주신 것이다. 말씀 속에서 우리는 '보배롭고, 지극히 크신 하나님의 약속'을 발견하고(벧후 1:4), 복음 안에서 우리를 위해 하나님이 무엇을 하셨는지, 그리고 또한 어떻게 우리의 삶을 자유롭게 하셨는지를 배운다. 여기서 의존이 내포하고 있는 것은 무기력하거나 그저 빈둥거리는 것이 아니다. 그것은 적극적으로 성경을 통해 하나님의 방법에 대한 더 깊이 있는 지식을 얻고, 그분의 권능을 나누는 것을 말한다. 또한 그것은 우리의 영혼을 소생시키고, 우리를 지혜롭게 하며, 우리의 마음을 기쁨으로 가득 채우고, 우리의 눈을 밝게 하는 하나님의 말씀이다(시 19:7~8). 성경을 무시하는 것은 성령의 인도하심을 거부하는 것일 뿐만 아니라, 우리가 하나님보다 우리 자신을 더 신뢰한다는 사실을 드러내는 것이다.

우리는 하나님께 성령을 통해 우리에게 권능을 주시기를 간구함으로써 하나님을 의지하는 우리의 모습을 보여줄 수 있다. 그러므로 우리는 성령 안에서, 성령을 통해, 그리고 성령이 역사하시도록 기도해야 한다 (롬 8:26; 엡 6:18; 유 20). 성령은 우리의 연약함을 도우신다. 예수는 지상에 계실 때에 직접 기도하시는 삶의 모범을 보여주셨다. 바울은 우리에게 "쉬지 말고 기도하라"고 말했다(살전 5:17). 우리가 기도를 무시하면서 하나님의 임재와 능력의 체험을 여전히 기대하는 것은 뻔뻔스러움의 극치라고 할 수 있다. 우리가 기도하지 않는 이유의 바탕은 흔히 게으름인 것 같지만 실은 교만함 때문이다.

그렇다면 여기서 질문이 있다. 당신은 교회를 위해 얼마나 기도하는가? 함께 기도하는 이가 있는가? 특별히 당신은 성령이 모여든 모든 사람들에게 그리스도를 나타내시며, 인도자를 돕고, 회중의 찬양의 이해를 도우며, 사람들의 삶 속에 열매를 가져오시도록 간구하는가? 그렇지 않으면, "하나님, 오늘 여기 모든 사람들을 축복하옵소서." 하는 것처럼 지각없이 내던지듯 포괄적으로 기도하진 않는가? 조금이라도 기도를 하기는 하는가? 당신이 더 크게 신뢰하는 것은 하나님의 능력인가 아니면, 인간의 계획과 실행, 또는 그들의 인품인가?

성령에 대한 우리의 의존을 지속적으로 고백하는 것은 우리의 마음에 감사와 겸손 및 평안에 대한 깊은 깨달음을 가져다 줄 것이다. 우리의 기도에 응답하시는 하나님을 보게 될 것이다. 그리고 예수와 떨어져

서는 아무것도 할 수 없다는 것을 기억하게 된다. 또 할 수 있는 능력이 우리에게 달려 있다는 생각은 하지 않게 될 것이다. 실제적으로 일을 좌우하시는 이는 하나님이라는 사실과 그분이 하시는 일을 우리로서는 감히 능가할 수 없음을 깨닫게 된다.

하나님의 능력을 나타내는 것은 우리의 자족이 아니라, 우리의 약함이다(고후 12:9). 그리고 약함의 고백은 하나님의 임재를 더 자세히 알고자 하는 증표다.

간절한 기대

추수감사절에 자녀들 중 몇 명이 우리와 함께 휴가를 보내기 위해 가족들을 데리고 9시간을 운전해서 오기로 했다. 그들이 도착할 시간이 가까워 오자, 모두들 우리 집 골목으로 들어서는 차 소리에 귀를 기울이면서, 또 자동차의 전조등 불빛이 앞 창문에 어른거리는지를 주의해서 간절한 마음으로 바라보면서 일분 일분을 세고 있었다. 그들이 언제 나타날지 기대하고 있었던 것이다.

우리들 중 일부는 하나님을 만나고 싶다고 말하면서도, 그분이 나타나시기를 기대하고 있지 않다. 정말로 그렇게 그분이 어떤 일을 하시거나 말씀하시리라고는 생각지 않는 것이다. 마치 아이들이 들었다는 괴물이 정말 거기에 있는지 확인하려고 벽장문을 여는 부모처럼 거기서 만일 무언가를 발견한다면, 당연해 보이는 것일지라도 기절하거나 소리를 지를 것이다.

성경은 성령에 대해 우리가 생각해야 할 일들을 정확히 말해주지 않는다. 성경은 다만 우리에게 기대하라고 가르친다. 그리고 우리가 기대해야 하는 일 중 하나는 성령이 다양한 영적 은사를 통해 하나님의 임재를 알려주신다는 것이다. 바울은 고린도전서 14장 1절에서 이렇게 우리에게 말한다. "사랑을 추구하며 신령한 것들을 사모하라."

이미 다루었듯이 우리가 함께 모일 때 성령은 은사를 허락하시고, 주님을 섬길 수 있게 하시며, 하나님은 다양한 일을 할 수 있도록 힘을 주신다. 모든 사람에게 성령이 나타나심은 공동의 유익을 위해서이다(고전 12:1~7). 공동의 유익이라는 측면은 우리 가운데 하나님이 임재하신다는 증거를 제공한다. 우리는 모든 영적 은사 안에서 역사하시는 하나님을 기대하는가?

누군가가 음향기기를 작동하고 있다면, 그는 돕는 은사를 실천하는 중이다. 헌금 바구니가 지날 때, 사람들은 주는 은사를 드러낸다. 목사가 설교할 때 성령은 인도하시고 가르치시는 은사를 통해 우리의 마음에 감동을 주신다. 누군가가 암 투병 중인 친구를 위해 기도할 때, 그가 자비의 은사, 혹은 치유의 은사를 발휘하고 있는 것이다. 그러한 순간들 속에서 우리는 하나님과의 만남을 기대하는가?

아니면 별로 기대를 하고 있지 않다가 결국 실망하고 말 것인가? 또는 '해야 할 일'의 목록을 기록해 둔 체크 박스처럼 예배의 여러 부분을 차례

차례 체크하고 있지는 않은가?

　예배로의 부름? 체크.

　찬양? 체크.

　기도? 체크.

　헌금? 체크.

　설교? 체크.

　교제? 체크.

　축복? 끝.

이들 모든 순간 하나하나에서 하나님이 우리의 마음 가운데 위대한 일을 행하시려고 임하셨다면 어쩔 것인가? 우리가 하나님의 역사하심을 기대하지 않는다면, 필시 우리는 그분의 역사하심을 알아채지 못할 것이다. 우리는 우리 안에, 그리고 우리들 가운데 거하시는 크신 하나님에게서 위대한 일을 기대할 수 있다.

겸손한 응답

성령은 언제나 우리에게 그리스도의 형상을 덧입히시기 위해 일하고 계시다. 따라서 다른 이들의 삶에 그리스도의 형상을 덧입히시려는 목적을 달성하는 일에 우리의 영적 은사를 사용하는 것은 우리가 성령의 도구가 되는 어마어마한 특권이다. 그러나 우리가 응답하지 않는다면,

우리를 사용하기 원하시는 성령의 인도를 놓칠 수 있다. 그 결과, 우리는 다른 이들을 세우는 일과 살아 계신 하나님의 임재를 체험할 기회를 놓치고 말 것이다.

성령의 사역은 종종 고린도 교회의 본보기를 따르면서 그것을 자랑으로 여기는 사람들 때문에 멸시되기도 한다. 그들은 다른 이들보다 자신의 영적 은사가 우월하다고 생각한다. 그리고 마치 자신의 주관적인 경험이 객관적인 권위를 갖는 것처럼 행동한다. '주님이 내게 말씀하셨다'는 말은 그것이 성경을 인용한 것이 아니라면, 어떤 문장을 시작하는 말로는 바람직하지 않다. 주관적인 경험은 객관적인 권위를 갖지 못한다. 그러나 그것은 우리의 생각을 거짓으로 여겨서 다 버려야 한다는 뜻은 아니다. 우리는 그것을 부정하거나 염려할 필요까지는 없다.

겸손한 응답은 하나님이 나를 통해 일하고자 하신다는 생각이 들 때마다 소리를 내어 답하고, 행동하는 것을 말한다. 아마도 자신이 실직할 것 같다고 말하는 누군가를 위해 당신이 갑자기 기도하고 싶은 충동을 느낄 수 있다. 주중에 보이지 않던 누군가에게 눈길이 가면서 성경의 한 구절이 문득 머리에 떠오를 때가 있다. 겸손한 응답은 그 말씀을 당시에 바로 그들과 나누거나, 그날 오후에 전화를 하는 것이다.

우리 교회에서는 보통 예배를 드리는 동안 앞줄에 회중용 마이크를 준비해 놓는다. 우리는 함께 예배하는 동안 교회의 성도들을 말씀과 기도, 또는 예지적 감동에 헌신하도록 이끄실 성령을 기대한다. 어떤 목회자는 함께 나누게 될 것의 내용과 그 적절성을 심사한다. 그런데 나는 하나님이 실제로 예배 중에 성도들을 세우고, 일깨우며, 격려하기 위해 즉흥적으로 사람들의 자발적인 헌신을 사용하셨던 경우들을 수백 번 목격했다(고전 14:3). 그리고 그 결과로 우리는 하나님의 임재를 경험한다.

우리가 모일 때마다 당연히 하나님의 임재를 체험하기를 기대해야 하지만, 다른 때에도 우리는 마찬가지로 하나님과 만나기를 기대할 수 있다. 우리의 신실하신 목자는 다양한 때에, 여러 가지 방식으로 우리 삶의 세세한 부분들을 자애롭고 신중하게 지켜보고 계심을 확증하신다.

한 번은 줄리와 내가 사역지를 옮기는 문제로 고심하고 있었는데, 교회 내의 어느 누구도 그 사실을 알지 못했다. 우리가 결정을 마무리하기 바로 직전에, 한 친구가 주님으로부터 우리에게 격려가 될 수 있을 것이라는 말씀을 들었다며 짧은 글귀가 쓰인 편지를 들고 우리 집에 잠깐 들렀다. 그 내용은 중대한 결정을 내리는 것과 관련해서 약간의 슬픔이 있겠지만 결과적으로는 풍성한 열매를 얻게 되리라는 것이었다. 나의 눈에서 감사의 눈물이 솟아나왔다.

우연의 일치일까? 어쩌면 그럴 수도 있다. 하지만 그와 유사한 일들이 수 없이 일어났다. 그리고 매번 그럴 때마다, 각각의 사람들이 그들의 알지 못하는 일에 대해 구체적이고 고무적인 생각들을 나눌 때 나는 하나님의 특별한 돌보심을 경험한다. 매번 나는 그리스도 안에서 하나님이 가까이 계시다는 것과 우리에게 베푸시는 도움을 새로이 깨닫는다.

성령의 인도하심이 항상 글귀의 형태로 나타나는 것은 아니다. 사실 그것은 매우 희귀한 경우이다. 하지만 많은 사람들에게 어떻게든 우리를 인도하시는 성령이 믿겨지기란 쉽지 않다. 신약성경에는 일상의 삶 가운데 개입하시는 하나님에 관한 수많은 예들이 있다. 바울은 아시아에서 선교를 하지 않기로 결정했는데, 이는 성령이 그를 막으신 까닭이었다(행 16:6). 빌립에게는 예언하는 미혼의 네 딸이 있었다(행 21:9). 아가보는 바울이 결박당하여 이방인들에게 넘겨질 것이라고 예언했다(행 21:11). 데살로니가와 고린도 교인들은 매주 모일 때마다 즉흥적인 예언의 은사를 경험했던 것으로 여겨진다(고전 14:29~32; 살전 5:19~21).

때로 우리는 잘못될 지도 모른다는 두려움 때문에 행하지 않는다. 그러나 당신이 진심으로 누군가를 격려하려 하거나 그 일에 동참하려 한다면, 예수를 영화롭게 하고, 그 모든 일에 하나님의 임재를 새로이 깨닫게 될 것이다. 당신의 생각이 불손하거나 잘못되었다는 것이 드러난다 해도, 그 때문에 당신이 겸손해 질 수도 있을 것이다. 하지만 겸손한 사람은 더 큰 은혜를 받는다(벧전 5:5). 그러므로 어느 쪽이든 행하지 않는 것보다는 하는 편이 낫다.

내가 여기서 하나님 말씀의 권위와 충분성에 대한 우리의 헌신을 줄여야 한다고 말하고 있는 것은 아니다. 하나님의 임재를 경험하는 것이 중요한 일이긴 하지만, 그것이 하나님과 우리의 관계의 핵심은 아니다. 신학자 안드레아스 쾨스텐베르거는 우리에게 다음을 상기시킨다. "성경적 영성은 우선 신비적이고 감정적인 경험, 내면의 감동과 느낌, 자기 성찰적인 묵상, 혹은 세속으로부터의 수도원적 도피 등으로 구성된 것이 아니다. 성경에서 말하는 가장 중요한 영적 수양은 기도와 하나님의 말씀에 순종하려고 노력하는 것이다."7

D. A. 카슨의 말에서 적절한 조화를 찾아볼 수 있다.

> "우리는 삶 속에서 더욱 하나님의 임재를 알고자 갈망하고, 우리들 가운데 결박을 푸시고, 개선하시며, 소생시키시는 능력을 나타내시기를 기도해야 하는 한편, 하나님을 길들이려는 모든 행보를 매우 두려워해야 한다. 그런데 그러한 기도와 갈망은 항상 수양에 대한 성경의 제한에 기쁨으로 순종함으로써 조절되어야 한다."8

당신이 말씀에 기쁨으로 순종하는 것처럼, 성령의 인도하심이라고 믿어지는 일에 당신이 겸손하게 응답함으로써 하나님이 다른 이들에게 은혜를 베푸실지 누가 알겠는가?

하나님의 임재를 갈망하라

우리가 하나님의 임재에 대해 생각하는 또 한 가지 방법이 있다. 천국이다. 천국에는 하나님을 예배하는 성전이나, 건축물, 혹은 어떤 장소 등이 없을 텐데, 그 이유는 하나님과 어린 양이 바로 성전이기 때문이다(계 21:22).

어떤 의미에서 우리는 바로 지금 천국에서의 하나님의 임재를 경험하고 있다고 말할 수 있다. 하나님은 우리를 예수와 함께 일으켜서 "그리스도 예수 안에서 그와 함께 우리를 하늘에 앉히셨다"(엡 2:6). 히브리서의 저자는 우리가 교회로 모일 때, 우리가 다다를 곳은 "시온 산과 살아 계신 하나님의 도성인 하늘의 예루살렘과 천만 천사와 하늘에 기록된 장자들의 모임과 교회와 만민의 심판자이신 하나님과 및 온전하게 된 의인의 영들과 새 언약의 중보자이신 예수와 및 아벨의 피보다 더 나은 것을 말하는 뿌린 피니라"고 말한다(히 12:22~24).

교회의 예배가 얼마나 놀라운가! 그리스도인들에게 죽음은 최종적인 단어가 아니기에 우리보다 앞서 하늘로 간 성도들과 함께 기쁨을 나눈다.

그러나 항상 존재하는 이 세상의 시련, 멀어진 소망, 실망, 상실, 비극들은 우리가 아직 본향에 이르지 않았음을 깨닫게 한다. 최선은 계속해서 나아가는 것이다. 그리고 무엇이 계속해서 나아가는 것인지를 마지막 장에서 다루려고 한다.

09

새하늘과 새땅에서의 예배

"다시 저주가 없으며 하나님과 그 어린 양의 보좌가 그 가운데에 있으리니
그의 종들이 그를 섬기며 그의 얼굴을 볼 터이요 그의 이름도 그들의 이마에 있으리라
다시 밤이 없겠고 등불과 햇빛이 쓸 데 없으니 이는 주 하나님이 그들에게 비치심이라
그들이 세세토록 왕 노릇 하리로다" (계 22:3~5)

    나는 그냥 서 있을 수 없을 만큼 웅대한 하나님의 영광과 그분의 자비하심에 대한 심원한 깨달음이 있는 예배에 참석할 특권을 갖고 있다. 그런 일이 일어나더라도 나는 그것이 새 하늘과 새 땅에서 경험하게 될 일에 비하면 아무것도 아니라는 것을 알고 있다.

    이 세상에서의 예배 모임을 앞으로 있을 예배의 장엄함에 결코 비교할 수 없다.

우리가 기다리는 것은?

앞으로 도래할 시대, 즉 천국에서의 예배는 과연 어떠할까? 우선, 우리는 하나님을 예배하지 않을 수 없을 것이다. 우리를 구원하신 구세주의 영광을 위한 순전한 헌신 가운데 모든 말과 행동과 생각이 주님께 온전히 드려질 것이다.

악기, 노래, 인도자, 소리의 크기, 영상, 의상, 방식 등에 대한 더 이상의 논쟁은 존재하지 않게 될 것이다. 하나님을 향한 우리의 사랑을 훼방하거나 가로막거나 산만하게 할 어떤 것도 전혀 없을 것이다. 왜냐하면 천국은 하나님의 뜻이 완전히, 즉각적으로, 또한 기쁨으로 이루어진 곳이기 때문이다. 천국에는 영원하고, 끊임없이 커져가는 찬양과 감사, 그리고 보좌 위에 앉으신 하나님과 죽임 당한 어린 양에 대한 예배로 가득하다.

우리는 이 세상에서의 예배를 둘러싼 논쟁에 휘말려서 정작 성경에서 말하는 앞으로 드리게 될 예배에 대한 가르침을 배우는 데 실패할 수 있다. 즉 지금 우리가 하고 있는 일은 단지 앞으로 우리가 맞이하게 될 것을 미리 소개해주고 맛보게 해주는 것에 불과하다. 이 세상에서 우리의 삶은 앞으로 전개될 일의 표지나 제목 페이지에 해당된다. C. S. 루이스가 말한 것처럼, 그리스도인들에게 죽음은 "영원으로 들어가는 위대한 이야기의 첫 장을 시작하는 출발점이며, 따라서 매 장마다 그 전장보다 더 나아가게 된다."[1]

바울은 우리가 '주목하는 것은 보이는 것이 아니라, 보이지 않는 것'이라고 말한다(고후 4:18). 그는 우리를 기다리고 있는 것을 '어떤 것과도 비교할 수 없는 영원한 영광의 중한 것'과 관련지었다. 이 영광의 중한 것은 우리의 현재의 고난을 비교적 가볍고, 잠시 지나가는 것으로 여기게 만든다. 베드로는 권면하기를, "예수 그리스도께서 나타나실 때에 너희에게 가져다주실 은혜를 온전히 바라라"(벧전 1:13)고 했다. 우리에게 가져다주실 영광과 은혜는 어떤 것일까? 그리고 지금 우리의 삶에 어떤 변화를 가져올까?

이러한 질문들에 대한 답을 구하는 데 있어 요한계시록과 함께 그 밖의 다른 몇몇 관련된 구절들이 도움이 될 것이다.

천국은 어떠할까?

성경의 여러 곳에서 하나님은 우리에게 하나님을 사랑하는 사람들을 위해 준비하신 새로운 도성과 천국을 향해 나아가야 한다고 가르치신다(히 11:10, 16:2; 벧후 3:13).

비록 천국은 우리가 이 세상을 떠나야만 알 수 있는 곳이지만, 거기서 우리는 썩어짐의 종노릇으로부터 자유로워질 것이다(롬 8:21). 거기에는 더 이상 죄가 없으므로 고통, 눈물, 애통함이나 죽음도 없다(계 21:4). 거기엔 어둠이 없으므로, 빛이나 전등, 혹은 태양도 필요치 않다. 하나님이 직접 우리가 필요로 하는 모든 빛으로 만물을 비추실 것이다(22:5). 우리는 또한 아담과 하와가 에덴동산에서 체험했던 삶과 같은 경험을 하게 될 것이다. 단 더 나은 점이 있다면, 더 풍성하고 아름답게, 그리고 영원히 경험하게 될 것이라는 것이다.

천국의 가장 멋진 부분이 풍경일지, 거기서 하는 활동들이나 혹은 친구가 될지는 세상을 떠나 봐야 알 수 있을 것이다. 하지만 궁극적으로 천국의 가장 멋진 점은 우리를 구원하시기 위해 보좌를 버리셨던 하나님의 얼굴을 대면하게 되는 일일 것이다. 우리는 그분의 눈을 눈과 눈으로 마주보면서 지상의 기쁨이 그분의 사랑에 필적할 수 없음을 즉시 알게 된다. 우리는 우리 위에서 노래하시는 하나님의 목소리를 들으며, 아마도 우리에게 맡기실 새로운 세상을 창조하고 계신 그분을 보게 될 것이다.

그리고 우리는 그분과 함께 있을 것이다. 그분과 함께 말이다.

같지만 다른 점들

천국의 예배는 많은 면에서 지상의 예배와 유사할 것이다. 두 예배는 모두 스스로를 나타내시는 하나님께 응답하고, 그의 말씀과 사역 및 그의 합당하심을 선포한다(계 5:9~10; 16:4~7; 19:1~5). 또한 둘 다 "각 족속과 방언과 백성과 나라 가운데에서 사람들을 피로 사서 하나님께 드리신"(계 5:9) 어린 양의 영광을 그 중심에 놓는다. 그리고 하나님의 임재 안에 있는 하나님의 백성들로서 함께 예배하는 일에 완전히 참여하고, 그 속에서 자신의 충만함을 찾는 것을 특징으로 한다. 이러한 여러 면에서 지상의 예배는 하늘에서의 예배를 기대하고 반영한다.

그러나 또한 중대한 차이들도 존재한다.

천국에서 우리는 실제로 드러나 있는 하나님의 임재 안에 있게 된다

우리는 이 세상에서도 하나님의 임재를 체험할 수 있지만, 성경은 유일하게 하나님이 계시는 어떤 장소로 천국을 이야기 한다. 천사 가브리엘은 두려움으로 떨고 있는 마리아에게 '나는 하나님 앞에 서 있는 자'라고 자신을 알린다. 히브리서의 저자는 "그리스도께서는 … 바로 그 하늘에 들어가사 이제 우리를 위하여 하나님 앞에 나타나셨다"고 기록하고 있다(히 9:24). 웨인 그루뎀은 이같이 말한다.

> "하나님이 다른 어느 곳보다 하늘에 '더 계시다'는 말은 오해의 소지가 있지만, 하나님은 특별한 방식으로, 즉 은혜를 베푸시고, 영광을 나타내시려고 특별히 하늘에 계시다는 말은 옳지 않다. 우리는 또한 하나님이 그분의 임재를 다른 어느 곳보다 천국에서 더욱 완전하게 나타내신다고 말할 수 있다."[2]

이 세상에서 우리는 하나님이 우리에게 보이시기로 작정하신 것과 우리가 인지할 수 있는 것에 한해서만 하나님의 임재를 경험할 수 있다. 그러나 새 예루살렘에서는 하나님의 완전하고, 직접적인 임재가 편만해 있다. 우리는 하나님의 임재가 항상 존재하는 가장 거룩한 곳에서 영원히 살고, 숨쉬고, 먹고, 노래하고, 일하고, 휴식하게 될 것이다.

**천국에서 우리는 우리의 죄를 고백할 필요도, 잃어버린 자들에게
복음을 전하거나, 박해하는 사람들에 대한 심판을 구할 필요도 없다**

우리는 천국에서도 구주의 필요성을 영원히 인식하겠지만, 하나님은 우리의 죄의 문제를 결코 다시 꺼내들지는 않으실 것이다. 우리의 예배는 '복음전도에 알맞은 것'이어야 할 필요가 없다. 왜냐하면 거기에는 주님을 알지 못하는 이가 아무도 없기 때문이다. 또 거기에는 더 이상 부정이나 학대, 혹은 압제가 없기 때문에 다른 이들의 손에 고통을 당하고 있는 사람들을 위해 우리가 나서야 할 필요가 없다. 우리는 아이들을 통제할 필요도, 관계적 갈등을 해소하거나, 절망적인 생각들과 싸울 필요도 없다. 모든 형태의 빈곤은 근절될 것이며, 모든 사람이 모든 지식을 뛰어 넘는 그리스도의 사랑을 알게 될 것이다(엡 3:19).

천국에서 우리는 영광의 몸으로 하나님을 예배할 것이다

나의 육체적 힘은 매주 약해져 갈 것이다. 그러나 어느 날 하나님은 우리 몸의 모든 약한 부분을 제거하실 것이다. 좀 더 예리해진 눈은 더

큰 아름다움을 즐기며, 한층 더 밝아진 정신은 보다 깊은 지혜를 인지할 것이며, 훨씬 분명해진 귀는 모든 소리를 더욱 멋지게 만들 것이다. 찬양으로 인해 우리의 성대가 상하는 일은 없을 것이다. 서 있거나 춤을 춘다고 해서 우리의 다리가 피로를 느낄 일도 없을 것이다. 마찬가지로 찬양 가운데 들어 올리는 우리의 팔도 피곤하지 않을 것이다. 아마 처음으로 팔을 들어 올리는 그리스도인들도 있을 것이다. 우리는 결코 이전과 같지 않은 하나님의 위대하심을 깨닫고 응답하게 될 것이다.

데이비드 파울리슨은 그것을 다음과 같이 설명한다. "지금은 불완전하고, 오락가락하며, 오염되어 있고, 어설픈 것들이 그 때에는 완전해지고, 온전해지며, 거룩하여지고, 완벽해질 것이다. 하나님과 우리는 서로 상속하며, 서로 공유하고, 그의 영광을 함께 나눌 것이다. 우리는 바로 이 소망 가운데 살고 있다."[3]

오랫동안 나는 천국에 도착하면 우리가 알게 될 모든 것을 즉시 알게 되어 천국에선 아무 것도 배우지 않을 거라고 생각했었다. 그러나 하나님은 "그리스도 예수 안에서 우리에게 자비하심으로써 그 은혜의 지극히 풍성함을 오는 여러 세대에 나타내려"(엡 2:7)고 우리를 구원하셨다. '지극히 풍성함'이란 우리가 결단코 그 끝에 다다를 수 없음을 뜻한다. 다면체의 다이아몬드처럼 하나님은 자신의 성품, 능력, 사랑, 그리고 우리가 드리는 새 찬송의 노래와 찬미와 감사에 대한 응답에서 새로운 면들을 나타내실 것이다.

천국에서는 경배와 행함이 분리되지 않는다

지상에서 우리가 마주하는 도전들 가운데 하나는 어떤 행사로서의 예배와 매순간의 예배 사이의 단절이다. 우리는 예배를 일생 동안 드리는 일로 이해하면서도, 주일 아침에 드리는 예배를 '진짜' 예배로 보는 시각에 계속 미혹 당하고 있다. 우리는 나머지 일주일의 시간들을 일상의 삶 속에서 하나님의 임재를 인식하려고 몸부림치다가 결국 주일날 영적 배터리를 재충전하게 된다. 천국에서는 그것이 문제가 되지 않을 것이다. 하나님이 우리의 생각, 태도, 동기, 행동, 말에 있어 모든 것이 되시기 때문이다.

요한계시록은 우리가 아버지의 영광을 위해 우리를 구원하신 어린 양의 영광을 의도적으로 선포하면서 모여 찬송하는 시간이 여전히 있을 것이라고 말하고 있다. 그러나 그 외의 시간 속에서도 우리의 예배는 덜 집중되거나, 덜 의도적인 것이 되지는 않을 것이다. 모든 결심과 행함은 구주를 기뻐하고, 찬미하며, 관심을 기울이고자 하는 열망을 따르고, 순종하게 될 것이다. 우리의 중심에서 하나님의 영광을 얻기 위해 경쟁하는 모든 것들이 예수 그리스도에 복종케 되므로 우상숭배는 더 이상 문제가 되지 않는다(고전 15:24~28; 계 19:1~3). 우리의 모든 우상들은 최종적으로, 그리고 완전히 축출될 것이다.

천국에서 우리의 하나님을 아는 지식은 이제 믿음에 있지 않고, 보는 것에 있다

이 세상에서는 믿음으로부터 생겨나지 않은 모든 것이 죄다. 하나님은 우리에게 믿음 안에서 단단히 서 있을 것을 명하시며, 믿음이 없이는 기쁘시게 할 수 없고, 보이는 것이 아닌, 믿음으로 행하라고 말씀하신다(롬 14:22; 고전 16:13; 고후 5:7; 히 11:6). 지금 이곳에서 하나님을 예배하는 것은 믿음을 요구한다.

우리는 예수가 유일한 구주이심을 알지만, 아직 모든 사람들이 그분 앞에 무릎을 꿇지는 않았다. 우리는 하나님의 주권과 자비하심을 알지만, 아이들이 죽고, 악한 독재자들이 권세를 잡으며, 죄는 계속해서 약탈과 파괴를 일삼는다. 예수는 그분의 왕국을 세우시기 위해 다시 오실 것을 약속하셨지만, 당장 작금의 세상은 각 세대들이 지날 때마다 점점 더 차갑고 어두워지며, 더욱 절망적으로 보인다. 그래서 우리에겐 믿음이 필요하다. 믿음은 우리가 바라는 것들의 실상이며, 보이지 않는 것들에 대한 증거다(히 11:1).

그러나 천국에서 우리는 더 이상 소망할 필요가 없다. 우리가 항상 열망해 왔던 모든 것과 그 이상을 갖게 되었기 때문이다. 우리가 하나님께 영광을 드리고자 하는 꿈, 목적, 열망 등 모든 것이 우리의 상상 이상으로 실현될 것이다. 그리고 우리가 현재 볼 수 없거나 잘 보이지 않는 것까지 어느 것도 문제가 되지 않는다. 우리는 마침내 우리가 무엇보다도 보고 싶어 했던 하나님의 얼굴을 대면하게 한다.

무엇이 달라지는가?

하나님은 우리에게 천국을 살짝 엿보도록 하셔서, 우리로 천국을 고대하게 하실 뿐 아니라, 그로 인해 변화되도록 하신다. 교회의 예배와 생활은 지금으로서는 그다지 천국과 같아 보이지 않지만, 현재와 도래할 시대 사이에는 부인할 수 없는 연결고리가 있다. 예수님의 속죄 사역을 통해 가능해진 영광스러운 일이 우리를 기다리고 있다는 것을 묵상하는 것은 적절하고, 위로가 되며, 유익하다.

천국의 예배에 대해 깊이 생각해보는 것은 특별히 세 가지 면에서 우리에게 유익함과 변화를 가져다준다.

천국의 예배에 대해 깊이 생각해보는 것은
참된 예배를 위한 엄청난 영적 싸움에 눈을 뜨게 한다

요한계시록은 우리의 참된 선택을 위해 전달 가능한 가장 공격적인 방식으로 하나님의 대적을 묘사했다. 요한은 우리의 숭배를 받기 위해 하나님과 대적하는 사탄의 세력을 묘사하기 위해 '짐승', '가증한 것', '음녀', '용', '뱀'과 같은 단어들을 사용한다(계 11:7; 17:5; 19:2; 20:2). 그들은 여러 가지 방법으로 그리스도를 잘못 섬기게 하고, 우리가 그분에게 대적하게 만든다.

예배에 관한 이야기에서 우리가 어떤 위기에 처해 있는지 온전히 깨닫는다 해도, 그것을 태연하게 처치하기란 쉽지 않을 것이다. 그러나 우리의 인생에는 두 가지 선택만이 있을 뿐이다. 하나님을 예배하거나, 그렇지 않으면 우상을 숭배하는 것이다. 거기에 또 다른 선택은 존재하지 않는다. 그리고 하나님 외에 예배하는 다른 모든 것들은 하나님의 통치를 거스르고, 그분의 주권적인 사랑을 거부하는 반역이다.

지상에서의 삶은 무의미한 것이 아니다. 우리의 결정은 우리가 예배하는 것을 반영한다. 각 사람은 끊임없이 하나님을 위한 선택을 하든가, 그분을 대적하는 선택을 한다. 우리는 오직 세상의 구주를 찬미하든가, 그렇지 않으면 뭔가 다른 것을 찬미하고 있다. 어느 누구도 중립을 주장할 수 없다. 거기엔 우리가 걸터앉을 수 있는 가상의 울타리가 없다. 천국은 우리에게 하나님과 어린 양의 주권과 자비하심을 기쁨으로 인정하는 사람들과 짐승과 용을 따르는 사람들 사이에 명백한 구분이 있음을 보여준다. 데이비드 페터슨은 다음과 같이 말한다.

> "만족스런 예배가 필요로 하는 것은 모든 다른 대안을 거부함으로써 하나님이 요구하시는 독점적인 헌신과 충성을 인정하고 수용하는 것이다. 시장에서, 정치에서, 교육이나 예술 분야에서 그리스도인들은 지속적으로 하나님을 위한 결정적인 선택을 하도록 도전받는다. 예수도 광야에서 그처럼 강제적으로 시험 받으실 때 결정적인 선택을 하셨다."[4] (마 4:8~10 참조)

공동의 예배는 우리 자신이 하나님의 사람들을 반대하는 세력에 속해 있는지, 계속해서 우리의 감정, 사고, 선택을 지도하려는 세력에 속해 있는지를 상기시키는 정기적인 기회가 된다. 그것은 또한 우리가 예배하는 전능하신 하나님이 그분의 통치를 반대하는 모든 세력을 괴멸시키실 것을 기억하는 시간이다. 이사야 선지자는 그날에 대해 다음과 같이 말한다.

"그날에 자고한 자는 굴복되며 교만한 자는 낮아지고 여호와께서 홀로 높임을 받으실 것이요 우상들은 온전히 없어질 것이다"(사 2:17~18)

하나님의 천국의 간략한 예고편은 우리에게 그날이 다가오고 있음을 보증한다.

천국의 예배를 성찰하는 것은 우리로 하여금 거룩함을 추구하도록 한다

요한은 그의 첫 번째 편지에서 "사랑하는 자들아, 우리가 지금은 하나님의 자녀라. 장래에 어떻게 될지는 아직 나타나지 아니하였으나, 그가 나타나시면 우리가 그와 같을 줄을 아는 것은 그의 참모습 그대로 볼 것이기 때문이니, 주를 향하여 이 소망을 가진 자마다 그의 깨끗하심과 같이 자기를 깨끗하게 하느니라"고 말한다. 그 이유는 무엇인가? 하나님이 지금 우리의 변화를 촉구하셔서 나중에 우리를 자신과 같이 만드실 것이라는 것을 어떻게 아는가?

우리의 진로를 결정하는 것은 궁극적으로 우리의 목적지다. 당신이 만약 당신의 죄를 회개하고, 그리스도의 대속적 죽음을 믿는다면, 하나님은 천국의 흠 없고, 순결한 성도들 가운데 당신을 위한 자리를 마련하실 것이다. 당신은 어린 양의 피로 깨끗케 된 흰 옷을 입을 것이다(계 7:13~14). 천국을 얻기 위해 우리가 할 수 있는 일은 전혀 없으며, 우리는 이 세상에서는 완전함에 결코 이르지 못한다. 그러나 우리의 장래는 확실하다. 우리는 더 이상 우리의 죄로 인해 흠이 생기거나 죄의 무게로 짓눌리지 않을 것이다. 또한 우리는 완전히, 그리고 지속적으로 '충신'과 '진실'로 불리는 이를 신뢰할 것이다(계 19:11).

만일 천국이 그와 같다면, 현재의 삶에서 천국을 추구하는 것이 이치에 합당하다. '모든 것이 용서될 것'이라는 점에서 죽기 전에 가능한 한 많이 죄를 짓고 싶어 하는 사람들은 구원의 본질과 그 기쁨을 이해하지 못한다. 하나님은 지옥의 불구덩이에서 우리를 구원하시며, 또한 그분의 선하심을 보지 못하게 하는 우리의 사악한 욕망들 가운데서도 구원하실 것이다.

천국에서는 아무도 성적으로 부도덕해지지 않을 것이며, 다른 이의 소유를 탐내지도, 옆에 서 있는 이를 비판하지도 않을 것이다. 우리가 하나님을 아는 것보다 더 좋은 것은 아무 것도 없다는 것을 알게 될 것이므로 시험은 과거의 일이 될 것이다. 우리가 즐기는 모든 것, 즉 광경, 향기, 소리, 활동 등은 바로 하나님 때문에 즐거울 것이다. 모든 죄는 결국 예수 그리스도의 승리의 사역을 통해 굴복될 것이다. 그리하여 우리는 거룩해 질 것이다.

천국은 그것을 전혀 바라지 않는 사람들에게 하나님이 자신의 사랑을 쏟아 부으시는 곳이 아니다. 천국은 이 세상에서 자신을 구원하신 구주를 알기 원하고, 그와 같이 되기를 가장 열망하는 사람들을 위한 곳이다. 천국은 우리가 현재 추구하고 있는 것의 반대가 아니라, 그것을 실현하는 곳이다. 그러므로 우리는 거룩함을 추구한다.

천국의 예배를 성찰하는 것은 고난 중에도 기쁨과 확신으로 충만케 한다
요한은 극심한 박해를 겪고 있는, 심지어 신앙 때문에 순교를 당하고 있는 그리스도인들을 위해 계시록을 기록했다. 요한 자신도 분명 로마 황제에 대한 숭배를 거절했다는 이유로 밧모 섬에 유배당했다. 거짓 교사들은 교회 안에 혼란을 야기하고, 성도들을 타락시켰다. 더 나쁜 것은 인도자들이 그것을 방관하고 있었던 것이다. 당시 기독교의 역사는 겨우 반세기를 조금 넘었을 뿐이었다. 미래는 불투명해 보였다.

성도들은 하나님을 어떻게 예배했을까? 그들은 어디서 자신의 신앙을 대담하게 고백하고, 복음 선포를 계속할 힘을 찾았을까? 고난의 한 복판에서 하나님은 사도 요한에게 '예수 그리스도의 계시'를 보내셨다. 그리고 그 계시의 중심에 놓인 것은 보좌였다. 로마의 황제는 제국의 시민들에게 숭배와 경의를 요구하면서도 그보다 높은 보좌에 계신 또 다른 왕을 알지 못했다. 이 보좌는 로마제국의 예배만이 아니라 하늘과 땅 위와 땅 아래의 모든 피조물의 예배를 명하신다(계 5:13).

모든 시대에 하나님의 백성들은 복음을 위해 고난 기운데로 초대되었다. 하나님은 그리스도 예수 안에서 경건한 삶을 살고자 하는 모든 이들이 박해를 당할 것이라고 말씀 하신다(딤후 3:12). 미국에서 21세기를 살고 있는 그리스도인으로서 나는 명백히 박해를 경험하지 않았다. 그러나 수십 만 명의 그리스도인들은 박해의 경험을 갖고 있다. 나는 다른 나라에서 그들의 신앙 때문에 신체적인 폭행과 죽음에까지 내몰리는 상황을 견디고 있는 목회자들을 만난 적이 있다. 내가 알고 있거나, 혹은 읽은 적이 있는 다른 사례들과 함께 그들의 사례는 나를 고무시키고, 겸손하게 만든다.

박해는 불편함, 폭언, 거절, 순교 등의 어떤 형태로든 우리를 시험에 들게 하여 하나님에 대한 신뢰를 거두고, 거짓 신의 보호를 받기 위해 하나님에게서 돌아서게 한다. 요한계시록에 묘사된 예배는 그런 때에 우리의 마음에 생길 수 있는 의심들에 대해 "세상 나라가 우리 주와 그의 그리스도의 나라가 되어 그가 세세토록 왕 노릇 하시리라"(계 11:15)고 우리를 확신케 하는 답을 제공한다.

예수, 즉 만왕의 왕이요, 만주의 주시며, 다윗의 뿌리요, 자손이며, 다윗의 인생과 그분의 자손들의 창조주시며, 결코 어두워지거나 희미해지지 않고, 오히려 영원히 점점 더 밝아지고, 강렬해지며, 뚜렷해지고, 찬란해지는 광명한 새벽별이시고, 온 역사에 걸쳐 이 땅의 모든 구석구석으로부터 사람들을 구원하시기에 충분한 희생제물이 되신 영원한 구주 앞에 모든 무릎을 꿇게 될 것이다(계 5:9; 19:16; 22:16).

이 예수는 아버지의 영광을 위하여 성령의 능력을 통해 모든 피조물들의 경배를 받으실 것이다. 영원히.

소망

하지만 지금 당장은 기다려야 한다. 우리는 자궁 안에 있는 아기처럼, 우리의 현재의 삶이 상상할 수 없는 방식으로 달라질 것에 대비하고 있다. 어떤 의미에서 우리는 이미 도래할 시대의 혜택을 즐기고 있다. 그러나 거기엔 아직 우리를 기다리고 있는 더 풍성한 것들이 남아 있다.

아직 태어나지 않은 아기들에게 삶은 필시 어둡고, 축축하며, 갑갑할 것이다. 그러나 그들의 9개월은 최종 목적지가 아닌 모든 변화, 성장, 적응으로 함께 한 준비의 시간이다. 그리고 갓 태어난 아이처럼, 어느 날 우리의 눈이 뜨여 공기 중에 충만한 하나님의 놀라운 은혜의 광경을 볼 수 있을 것이다. 우리의 지상에서의 마지막 순간은 우리라는 존재가 타고 있는 열차의 마지막 종착역이 아니다. 영원을 생각한다면, 우리의 걸음은 오히려 탑승역의 승강장으로 옮겨질 것이다.

천국은 하나님이 이 세상에서 그의 풍성함을 전부 다 나누어 주지 않는다는 사실을 우리에게 가르쳐준다. 지금 하나님이 우리에게 허락하신 그분의 영광에 대한 경험이 어떤 것이든, 우리가 소망하는 것은 그것이 끝이 아니라 언제나 더 있을 것이라는 것이다. 그것이 바로 하나님이 의도하신 바이다. 즉 더 남아 있는 그 소망이 다음 세상에서 우리를 기다리고 있다.

이것이 우리에게 '그가 오실 때까지'(고전 11:26) 성만찬을 거행할 것을 요구하신 이유 중 하나이다. 우리는 그분의 식탁에서 성찬을 즐기고, 하나님과 우리를 화해시킨 주님의 죽음을 선포함과 동시에, 우리의 눈은 미래에 있을 혼인 잔치를 보게 된다. 우리는 우리의 시민권이 천국에 있기 때문에 '주의 나타나심을 사모하는'(딤후 4:8) 사람들 사이에 있게 된다.

노엘 듀는 이 소망을 아래와 같이 잘 설명했다.

> "우리는 성령을 통해 아들과 연합되어 있는 엄청난 군중들이 성령의 모든 충만함으로 가득한 아버지의 임재에 더 가까이 서게 되는 그날을 기다린다. 거기서 그들은 주변과 내부를 둘러보다가 오직 예배만 있음을 발견하게 될 것이다. 악한 것들의 모든 공격과 내재하는 죄의 방해, 그리고 오랜 역사에 걸친 우상들의 미혹하는 권세에도 불구하고, 그들의 찬송은 놀라움으로 가득한 찬양 중 하나가 될 것이다. 그들 안에 있는 율법은 완전히 이루어질 것이며, 그들에게는 하나님 외에는 다른 신이 없을 것이다. 또한 그들 안에 있는 약속들은 완전히 실현되고, 하나님은 그들의 하나님이 되며, 그들은 하나님의 백성들이 될 것이다."[5]

우리가 천국과 그 모든 것을 가능케 하신 구주에 대한 흔들리지 않고,

움직이지 않으며, 중단되지 않는 믿음을 떠올릴 때 우리 마음을 채우는 경외심, 동경, 기쁨 등을 말로 다 표현할 수 없다.

마지막 잔치

그리스도를 믿는 사람들은 어린 양의 혼인 만찬에 참여할 영광을 얻을 것이다. 둘러보면, 우리의 눈길이 닿지 않는 곳까지 끝없이 놓여진 식탁을 보고 놀랄 것이다. 모든 민족과 나라에서 온 남녀들이 먹고, 웃고, 아마 노래도 부를 것이다. 평화와 기쁨, 그리고 사랑하고, 사랑받는다는 놀라운 느낌으로 가득할 것이다.

이 세상에서 우리의 믿음을 의심했던 사람들을 알아보게 될 것이다. 우리를 짜증나게 했던 사람들, 미성숙한 듯이 보였던 사람들, 실제로 우리의 삶을 힘들게 했던 사람들. 이 식탁에 앉아있기에는 부적격하다고 생각했던 사람들도 볼 수 있을 것이다. 하지만 우리가 그런 독선적인 판단을 조금이라도 하기 전에, 말없이 감사를 표하게 될 것이다.

왜냐하면 당신이나 나나 이 식탁에 앉아있기에는 자격이 부족한 사람들이기 때문이다. 그러나 우리가 그 자리에 있게 된 것은 신랑 되신 예수가 자격이 없는 우리들을 그 자리로 초대하셨기 때문이다. 우리를 다스리실 수 있는 하나님의 권세에 맹목적으로 거역하던 끝에 우리는 알맞은 자격을 갖추게 되었다. 우리 스스로의 방법과 지혜를 쫓아다닌 끝에, 또 하나님께 나아가기보다 그분에게서 멀어지려고 했었던 끝에, 그리고 수천 년 동안 죽음, 절망, 광기, 비참함에 짓눌린 끝에야 알맞은 자격을 갖추게 되었다.

하나님은 그분의 위대한 자비하심 가운데서 우리를 그분에게로 돌아오게 하시고, 우리를 파멸시키려는 모든 것으로부터 구원하시기 위해 그분의 아들 예수 그리스도를 보내주셨다. 그것은 아버지와 아들과 성령의 영광을 위한 은혜와 자비의 사역으로, 처음부터 끝까지, 즉 영원 전부터 영원까지 즐거워 할 일이다. 그러므로 "기록된 바, 자랑하는 자는 주 안에서 자랑하라"(고전 1:31).

참된 예배자들은 언젠가 주 안에서 자랑하는 일 외에는 우리가 아무것도 하지 않으리라는 소망을 굳게 붙잡고 있다. 이 때문에 우리는 하나님을 예배하는 사람들 가운데서 우리 자신을 발견하는 것이 존재의 커다란 목적이라고 생각한다.

이보다 더 중요한 목적은 없다.

이보다 더 큰 기쁨도 없다.

그리고 예수 그리스도 안에서 하나님의 은혜를 감사하게 받아들이는 사람들에게 또 다른 목적이란 있을 수 없다.

스터디 가이드

TRUE WORSHIPERS
STUDY GUIDE

〈스터디 가이드〉

토마스 워맥 정리

이 스터디 가이드는 밥 코플린의 〈참된 예배자〉의 각 장으로부터 좀 더 깊은 유익을 얻고자 마련되었다. 각 질문들에 대한 답을 숙고하다 보면, 특별히 하나님을 예배하는 일에 대한 당신의 생각뿐 아니라 당신의 행함과 실천까지 변화될 것이다. 이 스터디 가이드를 혼자서 활용할 수도 있고, 소그룹 모임이나, 주일학교 공부과정의 일부로, 혹은 하나님께 중요한 참된 예배자가 되려는 열정을 지닌 사람들을 발견할 수 있는 다양한 상황에서 활용할 수 있다.

01

어떤 예배자인가?

♣ 개요

그리스도인들 사이에서 통상적으로 이해되는 단어로서의 예배worship는 운동이자 현상이 되었으며, 많은 곳에서 산업이 되어버렸다. 그러나 예배는 그 이상이다. 우리는 하나님의 임재 안에 있는 참된 예배가 우리의 영원한 숙명임을 알아야 한다. 하지만 지금은 우리에게 어떤 의미를 갖는가? 그것은 일상에 어떤 변화를 가져오는가? 이 세상에서 하나님의 예배자가 되는 것은 정말 어떤 의미인가? 우리는 이 장에서 우물가에서 한 여인을 만나신 예수를 통해 그분이 어떻게 위의 질문들에 대한 답으로 우리를 인도하시는지 보게 될 것이다.

♣ 주요 진술

우리는 하나님을 예배하는 자들의 일원이 된 존재의 위대한 목적을 생각해야 한다(장 칼뱅, 16세기 프랑스 신학자이자 목회자).

장 칼뱅이 옳았다. 우리가 위대하고 경이로우신 하나님을 기뻐하며 전심으로 영원히 열중하는 사람들 가운데 한 사람이 되는 것보다 더 큰 목표를 가질 수는 없다(p. 31).

❖ 돌아보고 생각 나누기

1 __ 이 장을 시작하면서 인용한 요한복음 4장 23절에서 당신이 인식하는 예배에 관한 핵심적인 진리는 무엇인가?

2 __ 그 동안 당신이 가져왔던 예배와 예배음악에 대한 생각을 요약한다면?

3 __ 저자는 예배가 하나님과 우리의 관계 및 그리스도인으로서의 우리 삶과 '결코 무관하지 않다.'거나 '매우 중요하다.'든지, 또는 '그보다 근본적인 것은 없다.'고 말한다(p. 28). 당신의 삶에서 추구하거나 관심을 두고 있는 다른 일에 비해 하나님을 예배함이 중요하다는 것에 대해 어떻게 생각하는가?

4 __ 저자는 하나님의 예배자가 되는 것을 '우리의 가장 고귀한 목적이자, 가장 높은 목표, 즉 존재의 위대한 목적(p. 28)'으로 알라고 권면한다. 우리가 이를 진심으로 추구한다면, 우리의 삶에서 그 사실은 어떻게 나타나겠는가?

5 __ '그 당시와 현재의 예배'라는 주제로 예배와 관련된 논쟁 다섯 가지를 살펴보았다. 그 중에 당신이 가장 동감하는 것은 어떤 것인가? 그 외에 추가할 수 있는 예배와 관련된 논쟁은 어떤 것이 있겠는가?

6 __ 저자가 언급한 '한 여인과 우물'의 성경 이야기에서 예수가 전략적으로 한 여인의 생각을 하나님의 참된 예배로 인도해 가는 것에 있어서 당신에게 가장 인상 깊은 것은 무엇인가?

7 __ 예수와 우물가에서 이야기를 나눈 여인이 어떤 면에서 당신과 가장 비슷하다고 생각되는가?

8 __ 왜 하나님은 영과 진리로 그분을 예배하는 자들을 찾으시는가?

9 __ 저자는 "음악은 결코 하나님을 예배하는 일의 핵심적인 수단이 아니다."라고 말한다. 동의하는가? 이유는 무엇인가? 동의하지 않는다면 그 이유는?

10 __ 이 장은 '영과 진리로' 하나님을 예배하는 것이 의미하는 바가 무엇인지 이해하는 데 어떤 도움을 주었는가?

11 __ '다음에 이어질 내용'이라는 제목으로 다루게 될 내용을 간략하게 언급했다. 가장 흥미를 끄는 주제는 어떤 것이며, 그 이유는 무엇인가?

12 __ 이 장의 마지막 두 단락에서 저자가 던진 질문들을 살펴보라. 당신이 생각하는 최선의 답은 무엇인가?

♣ 응답기도

이 장의 내용이 하나님의 참된 예배자가 되는 일에 좀 더 유익이 되게 하려면, 기도로 하나님께 직접 응답해야 한다. 떠오르는 생각과 간구를 당신 자신의 말로 표현해 보라.

사랑하는 아버지, 예수 그리스도로 인하여 참된 예배자들이 영과 진리로 당신을 예배할 수 있게 하심을 감사드립니다. 당신의 아들을 통하여 당신이 참으로 당신을 예배하는 사람들을 찾으시며, 성령을 보내어 당신을 참으로 예배할 수 있게 하심을 알게 하시니 감사합니다. 당신만이 오직 우리의 예배를 받으시기에 합당하십니다.

02

은혜로 담대하게 예배함

♣ 개요

하나님은 두 가지로 우리가 하나님을 예배할 수 있도록 하셨는데, 하나는 은혜이고, 다른 하나는 말씀을 통해 자신을 우리에게 나타내신 것이다. 그러나 많은 사람이 하나님에게서 받는 것과 하나님의 예배를 하나님의 말씀과 연결 짓는 것을 어려워한다. 이 장은 하나님의 말씀 가운데 우리로 예배를 드릴 수 있게 하는 은사에 대한 일반적인 오해를 정리하는 데 도움이 될 것이다.

♣ 주요 진술

하나님을 예배하는 능력과 갈망은 하나님이 직접 우리에게 주시는 것이다(p. 52)

우리는 그분의 말씀을 떠나서 하나님을 예배할 수 없다(p. 54)

❖ **돌아보고 생각 나누기**

1 __ 이 장 처음에 인용된 고린도전서 4장 7절에서 바울이 제기하고 있는 두 가지 질문을 보라. 이 질문에 대해 당신은 개인적으로 어떻게 답하겠는가?

2 __ 이 장을 여는 저자의 친구 이야기를 생각해 보자. 다른 사람뿐 아니라 하나님에게서 뭔가를 받는 것이 당신에게는 힘든 일인가? 그렇다면 그것이 무엇 때문이라고 생각하는가?

3 __ 하나님에게서 은사를 얻기 위해 드리는 예배를 어떻게 이해하는가?

4 __ '첫 예배자'에서 묘사된 것처럼 에덴동산의 아담과 하와를 생각해 보자. 그들의 예배는 어땠을까? 그리고 지금 우리가 드리는 예배는 어떤 면에서 그와 유사하고, 어떤 면에서 다른가?

5 _ 저자는 우리가 예배를 드리기 위해서는 하나님을 필요로 한다는 사실을 보여주는 성경 이야기를 간략하게 개괄하고 있다. 언급된 것 외에 이 점을 강화할 수 있는 당신이 떠올릴 수 있는 주목할 만한 구약성경의 다른 이야기와 인물이 있는가?

6 _ 저자는 '예수가 하나님의 최종 진술'로서 '하나님을 예배할 수 있는 길을 제공할 것'이라고 하였다(p. 46). 예수가 우리 자신의 힘으로는 하나님을 올바로 예배할 수 없는, 즉 우리의 무능력의 문제를 해결하시는 방법은 정확히 무엇인가?

7 _ 저자는 예수가 어떻게 하나님의 구원 선물에 대한 이해와 수용을 가져오셨는지에 대한 이야기를 말한다. 당신의 삶에서 일어난 일들 중 그와 유사한 일은 어떤 것이며, 다른 것은 어떤 것인가?

8 _ "우리가 예배를 만드는 것이 아니며, 예수 그리스도 안에서 영생을 받았음에 대하여 응답하는 것이다." 그리고 "이 선물은 계속해서 우리가 하나님을 예배하러 나아오게 하는 기초가 된다."(p.

51)라고 한 말을 좀 더 생각해 보자. 당신은 하나님을 예배하기 위한 또 다른 기초는 없다는 사실을 인정하는가? 그렇다면 혹은 그렇지 않다면, 그 이유는 무엇인가?

9 __ 성경읽기는 하나님을 예배하는 데 어떤 도움이 되는가?

10 __ '예배에 관한 몇 가지 오해'에서 언급된 네 가지 오해들 중 당신이 생각했던 것이 있는가?

11 __ 이 장의 마지막 항에는 히브리서 10장에서 인용된 성경구절이 있다. 하나님을 예배하는 것과 관련하여 이 구절에서 말하는 '담력' confidence이라는 단어를 당신 자신의 언어로 어떻게 표현하겠는가?

12 __ 이 장은 예수가 우리를 위해 행하신 일에 대한 감사를 어떻게 강화시키는가?

♣ 응답기도

이 장의 내용이 하나님의 참된 예배자가 되는 일에 좀 더 유익이 되게 하려면, 기도로 하나님께 직접 응답해야 한다. 떠오르는 생각과 간구를 당신 자신의 말로 표현해 보라.

나의 생명, 나의 힘, 나의 생각과 마음과 관계, 나의 목적, 나의 소명, 이 모든 것은 나의 주 하나님께서 주신 선물입니다. 당신의 자비하신 손으로 제게 허락하지 않은 것은 아무 것도 소유하지 않을 것입니다. 이러한 선물들을 더욱 온전히 받아들이고, 관리할 수 있도록 저를 가르치소서. 특별히 당신을 예배할 수 있는 은사를 허락하소서. 당신의 아들이 나의 죄를 자신의 몸에 품고 십자가를 지셨으니, 저는 죄에 대하여는 죽고, 의에 대하여는 살았습니다. 그의 상하심으로 저는 나음을 입었으며 당신을 예배하게 되었습니다. 제게 그리스도의 희생과 당신을 예배하는 것의 모든 참된 의미를 가르쳐주는 당신의 말씀의 선물에 감사드립니다.

03

자신은 낮추고, 그분은 높임

♣ **개요**

특별히 예배의 의미를 담아내는 유용한 단어는 '높이다'exalt(찬미하다)이다. 하나님을 찬미하는 일은 어떤 것인가? 이 장은 우리가 내면적으로는 우리의 마음으로, 외면적으로는 우리의 행함으로 하나님을 찬미할 수 있는 수많은 방법을 제공한다.

♣ **주요 진술**

하나님이 무슨 이유로 그에게 응답할 참된 예배자들을 부르시는지를 함축하는 적절한 단어는 '높이다exalt'이다. 하나님을 예배하는 것은 우리 자신의 모든 것은 겸손히 낮추고, 그의 모든 것을 높이는 것이다(p. 67).

하나님에 의해서 구속되었으며, 예배할 수 있게 된 참된 예배자들은 그리스도 안에서 성령의 능력에 힘입어 자신의 마음과 감정과 의지로 그분의 영광을 높이는 방식으로 하나님의 현현顯現에 응답한다(p. 69).

복음은 우리의 삶으로 언제나 하나님을 찬양하고자 하는 소망을 갖게 하는 가장 큰 격려이다(p. 89).

♣ 돌아보고 생각 나누기

1 __ 저자는 우상숭배를 '잘못된 방향의 예배'라고 정의한다. 또 "우상을 숭배하면서 '나를 채워 주세요. 나를 위로해줘요. 나를 보호해 주세요. 나를 지배하세요. 당신은 나의 힘과 시간, 에너지, 애정을 쏟을만한 가치가 있어요. 오직 당신만이 내게 완전한 행복을 가져다줘요.'라고 말한다."고도 하였다(p. 66). 당신의 예배에서 당신을 잘못된 방향으로 이끄는 것은 무엇인가?

2 __ 저자는 '새롭고 깊이 있게 우리가 하나님을, 오직 하나님만을 찬미하기 위해 구속되었다는 사실을 알게 되는 길'이 '길고도 고통스런 과정'이라고 하였다(p. 66). 당신의 경험 중에 어떤 것이 이와 유사한가?

3 __ '예배에 관한 단어들'에서 간단하게 열거된 성경구절들을 살펴 보라. 그 구절들을 당신의 성경에서 찾아 검토해보라. 그 구절들은 하나님과 그를 향한 우리의 적절한 응답을 어떻게 묘사하고 있는가? 또 그것들은 우리 자신을 낮추고, 하나님을 높이는 것을 이해하는 데 어떤 도움이 되는가?

4 __ 저자는 "하나님을 높이는(찬미하는) 것은 어떤 것인가?"라고 질문한다. 당신의 말로 이 질문에 답한다면 어떻게 표현하겠는가?

5 __ 일반적으로 어떤 상황에서 당신의 생각이 하나님을 향하기 가장 어려운가? 당신이 미래에 그런 상황을 마주한다면, 그 순간 당신의 삶에 개입하시는 하나님의 역사를 어떻게 좀 더 빨리 깨달을 수 있겠는가?

6 __ 당신은 하나님을 사랑하는 것과 하나님을 예배하는 것 사이의 관계를 어떻게 이해하는가? 이웃을 사랑하는 것과 하나님을 예배하는 것 사이에는 어떤 관계가 있다고 보는가?

7 __ 우리의 신앙과 감사 모두에 실제로 하나님을 반영하는 일은 어떻게 실현될 수 있는가?

8 __ '감사함으로'의 말미에서 시편의 참고 구절들을 살펴보라. 성경에서 그 구절들을 찾아보고 그 말씀이 하나님을 예배하는 마음의 선언이 되게 하라. 그 가운데 당신에게 가장 의미 있는 구절은 무엇인가?

9 __ 특별히 일상의 어떤 면에서 당신은 자발적인 순종으로 하나님을 높이며, 그분의 합당하심을 증명하는가?

10 __ 당신은 어떤 일에 하나님을 소리 내어 찬양할 가능성이 가장 높은가? 어떤 축복들이 당신으로 하나님을 더욱 찬양할 수 있게 하는가?

11 __ 저자는 '우리가 하는 모든 말이 예배'라고 하였다. 지난 24시간 동안 당신은 말로 얼마나 하나님을 높였는가? 하나님보다 다

른 어떤 것이나 다른 누구를 높이지는 않았는가? 말의 영역에서 당신으로 하여금 계속해서 하나님보다 다른 어떤 것을 예배하게 하는 것은 무엇인가?

12 __ 어떤 방식의 이웃 섬김에서, 그리스도의 섬김의 본보기를 따르기 위해 당신이 하나님에게서 은사와 능력을 받았음을 가장 강렬하게 느끼는가?

13 __ 저자는 "복음전도, 즉 이웃들에게 복음의 좋은 소식을 이야기하는 것은 단순하게는 하나님을 모르는 사람들 앞에서 하나님을 찬양하는 것"이라고 하였다. 이것이 그리스도에 대해 당신이 신실하게 증언을 하는 데 있어서 어떻게 도움을 주는가?

14 __ 이 장의 마지막 부분에서 "우리는 하나님을 예배하기 위해 하나님이 필요하다."고 하였다. 이 말은 당신에게 어떤 의미를 갖는가? 이 사실은 어떻게 우리의 중심이 복음을 향하도록 하는가?

♣ 응답기도

이 장의 내용이 하나님의 참된 예배자가 되는 일에 좀 더 유익이 되게 하려면, 기도로 하나님께 직접 응답해야 한다. 떠오르는 생각과 간구를 당신 자신의 말로 표현해 보라.

거룩하신 하나님, 얼마나 높이 계시는지 당신은 모든 만물보다 높으십니다. 기도하기는 저의 모든 생각과 말과 행함이 당신의 탁월하심과 아름다움, 그리고 선하심과 완전하심을 향할 수 있도록 예수 그리스도 안에서 보다 선명하게 당신의 영광스런 모습을 제게 보이소서. 이 땅에서 제게 남아 있는 시간 동안, 그리고 천국에서 영원토록 나의 영혼이 더욱 더 당신을 찬미하게 하옵소서.

04

참된 예배자의 모임

♣ 개요

때때로 우리는 다른 성도들과 함께 예배하는 일이 수고를 들일만한 가치가 없다고 생각한다. 그냥 자기 집에서 하나님을 예배하는 게 뭐 어떤가? 그런 생각은 우리와 우리가 살고 있는 세상을 위한 하나님의 목적을 잃어버리는 것이다. 이 장에서 우리는 교회의 모임과 관련된 목적들을 탐구한다. 또한 정기적으로 다른 성도들과 함께 예배하는 일의 유익함을 강화하고, 그러한 유익들을 만드는 실제적인 방법들을 검토할 것이다.

♣ 주요 진술

회중 속에서 하나님께 감사하고, 하나님을 찬양하는 일은 좋은 생각 그 이상이다. 참된 예배자들은 이 일을 위해서 창조되었으며, 또한 하나님이 지상에서 하고 계신 주된 일이기도 하다 (p. 92)

함께 예배하는 것은 일주일의 나머지 기간에 대한 기대를 갖는 일이면서 또한 준비를 하는 일이다. 교회로 모이고, 다시 흩어지는 계속적인 반복 안에서 우리는 모든 인생들에게 하나님의 영광을 위해 살도록 힘을 주시는 하나님의 끊임없는 은혜를 발견한다(p. 107).

❖ **돌아보고 생각 나누기**

1 __ 이 장을 시작하며 인용된 히브리서 10장 25절 말씀에서 설명하는 하나님의 사람들을 주의 깊게 살펴보라. 당신은 그리스도 안에서 다른 성도들과 함께하는 일에 얼마나 잘 참여하고 있는가?

2 __ 가상으로 예를 들었던 '스티브와 샌디'의 이야기처럼 당신의 주의를 흩트리거나, 다른 데로 주의를 쏟게 해서 매주일 교회 모임에 참여하는 일을 방해하는 것은 무엇인가?

3 __ 저자는 "회중 속에서 하나님께 감사하고, 하나님을 찬양하는 일은 좋은 생각 그 이상이다. 참된 예배자들은 이 일을 위해서 창조되었으며, 또한 하나님이 지상에서 하고 계신 주된 일이기도

하다."(p. 92)고 하였다. 당신은 이것을 얼마나 당신 자신의 인생 목표로 받아들였는가? 당신은 이 공통의 소명에 마음과 생각과 행동으로 얼마나 헌신하였는가?

4 __ '회중'의 거의 말미에 있는 사도행전에서 인용한 참고 구절들을 살펴보자. 이 구절들 속에서 다른 성도들과 함께하기 위한 어떤 격려를 발견할 수 있는가?

5 __ '예배하는 공동체의 유익'에서 저자는 일곱 가지 유익(각각의 소제목으로 되어 있다)에 우리가 참여할 것을 요청한다. 이 일곱 가지 유익을 검토한 후에 당신이 이미 가장 즐거워하고 있는 것이 있는가? 그것들 중 좀 더 완전히 경험하고 싶은 것은 어떤 것인가? 당신이 출석하는 교회에 특별히 힘이 되는 것은 어떤 것인가?

6 __ 히브리서 10장 24절을 인용하여 '서로 돌아보다 사랑과 선행'을 권면한 후에 저자는 "나는 하나님이 교회의 여러 성도들에게 주신 서로 다른 장점과 재능 및 능력의 덕으로 격려를 입는다. 나는 정기적으로 이런 격려가 필요하다."고 하였다. 당신은 교우들

로부터 격려를 받아본 적이 있는가?

7 __ 저자는 목회자이자 교수인 이안 더귀드의 "회중 예배에는 개별적인 예배에서는 나타나지 않는 무엇이 있는데, 그것은 하나님 임재의 실제성을 보다 풍성하게 표현하는 것이다."라는 말을 인용하였다(p. 99). 성도들이 살아 계신 그리스도의 살아 있는 '몸'으로서 함께 좀 더 의미 깊은 주님의 임재를 인식할 수 있는 방법에는 어떤 것이 있는가?

8 __ 이 장에서 우리는 혼자의 힘으로 할 수 있는 것보다 함께할 때, 하나님께 더 큰 영광을 드릴 수 있는 다양한 방법들을 보았다. 그것들은 교회 일에 보다 적극적이고 의미 있는 참여를 하도록 동기를 부여하는 데 당신에게 어떤 도움이 되었는가?

9 __ '이러한 유익들을 얻으려면'에서 저자는 우리가 하나님의 사람들과 함께하는 예배를 진심으로 소중하게 여길 때 그것이 만들어 내는 여섯 가지 구별된 모습의 증거들을 제시한다. 이들 각각의 여섯 영역에서 당신 스스로를 평가한다면 어떻겠는가?

10 __ 저자는 "평범한 주일은 없다. 단지 우리가 '그와 같은 형상으로 변화하여 영광에서 영광에 이르는'(고후 3:18) 것과 같은 주님의 영광을 바라볼 새로운 기회들만이 있을 뿐'이라고 언급하였다 (p. 108). 매 주일 당신에게 찾아오는 이러한 '새로운 기회들'에 대해 하나님께 드릴 수 있는 개인적인 감사는 무엇인가?

✢ 응답기도

이 장의 내용이 하나님의 참된 예배자가 되는 일에 좀 더 유익이 되게 하려면, 기도로 하나님께 직접 응답해야 한다. 떠오르는 생각과 간구를 당신 자신의 말로 표현해 보라.

하나님 우리 아버지, 당신의 아들 예수의 피로 구원하시고, 양자 삼으시고, 성령을 통해 당신의 가족으로 인 치신 성도들에게 두신 풍성한 유산으로 인해 당신을 찬양합니다. 이러한 개인적인 부유함이 당신이 저를 인도하신 교회에서 지금도 즐거워할 수 있는 단초가 되게 하시니 감사드립니다. 저를 신실하게 하셔서 기쁨으로 성도들과 함께하며, 당신의 영광을 위해 당신이 목적하신 모든 유익을 얻게 하옵소서.

05

다른 이들을 세우는 예배

♣ 개요

하나님은 모든 믿는 자들이 그들의 속한 교회에서 다른 이들에게 은혜를 끼치는 수단이 되기를 바라신다. 그분은 우리를 사용하셔서 이웃들에게 힘과 용기와 도움을 주고 싶어 하신다. 비록 그들이 다른 이들로부터 동일한 축복을 받을지라도 말이다. 이 장에서 우리는 서로를 세우는 데 필요한 네 가지 우선 사항, 즉 다양성, 사랑, 명료성, 복음을 좀 더 면밀하게 들여다볼 것이다.

♣ 주요 진술

사실 예배는 궁극적으로 하나님에 관한 것이지만 우리가 하나님을 예배하는 가장 중요한 방법 중 하나는 다른 이들을 몸의 일부로 세우는 일이다(p. 110).

우리의 섬김을 통해 다른 사람들에게 덕을 세우기 위한 가장 좋은 방법은 그들을 좀 더 그리스도와 하나 되게 하는 것이다(p. 122).

✤ 돌아보고 생각 나누기

1 __ 이 장에서는 계속해서 예배가 내 스스로 하나님과 나 외에는 다른 모든 것들을 '차단시키는 것'이 아니라는 것을 명백히 하고 있다. 그 대신 우리는 다른 이들을 세움으로써 하나님을 실질적으로 예배할 수 있다. 하나님이 이런 방식으로 다른 믿는 자들의 삶 가운데 당신을 사용하시려 한다는 사실을 당신은 얼마나 확신하는가?

2 __ 저자는 '예배와 덕을 세움이 동전의 양면'이라고 하였다. 저자가 말하는 의미를 당신의 말로 설명해 보라.

3 __ 당신이 성도들의 모임에 들어설 때 얼마나 자주 "여기 있는 다른 이들을 세우기 위해 하나님이 나를 어떻게 사용하실까?" 하고 자문하는가? 그러한 질문을 하지 않고 있다면, 혹시 당신이 지금 다른 무엇에 마음과 정신이 팔려 있는가?

4 __ 당신이 생각하기에 교회에서 당신을 필요로 하는 부분은 어떤 것인가?

5 __ 교회에서 당신이 다른 사람들을 필요로 하는 부분은 어떤 것인가?

6 __ 저자는 "당신이 원하는 방식으로 섬기지 못할 수는 있겠지만, 하나님이 어딘가에 봉사할 수 있는 은사를 당신에게 주셨다는 사실은 의문의 여지가 없다."고 하였다. 그렇다면 교회에서 당신이 효과적으로 섬길 수 있는 방법은 무엇인가?

7 __ 저자는 '우리가 다른 이들을 섬김에 있어서 사랑이 우선인 이유는 그것이 하나님이 우리를 섬겼던 방식이기 때문'이라고 하였다. 우리의 섬김에서 진심으로 사랑을 드러낸다면 그것은 어떤 변화를 가져오겠는가? 혹은 사랑이 없다면 다른 사람들이 보는 것은 무엇이겠는가?

8 __ 우리가 섬김을 요청 받았을 때 우리의 마음에 사랑이 부족함을 알았다면, 어떻게 그 부족함을 해결할 수 있겠는가?

9 __ 이 장은 '가장 중요한 것'(고전 15:3)으로 복음의 우선순위를 강조하면서 끝맺는다. 믿는 자들로서 우리가 함께 모이고, 그럼으로써 자기 자신 대신에 그리스도에게 관심을 둘 때, 개인적으로 복음에 주의를 기울일 수 있는 실질적인 방식에는 어떤 것이 있는가?

10 __ 이 장의 말미에 참고로 제시된 성경구절들, 즉 누가복음 22장 27절, 로마서 8장 32절, 34절, 12장 10절, 15장 7절, 데살로니가후서 2장 16~17절, 요한일서 3장 1절을 성경에서 찾아보라. 이 구절들 중 이제 사랑으로 이웃들을 섬기려는 당신에게 하나님이 가장 개인적으로 말씀하시는 것처럼 생각되는 구절은 무엇인가?

✤ 응답기도

이 장의 내용이 하나님의 참된 예배자가 되는 일에 좀 더 유익이 되게 하려면, 기도로 하나님께 직접 응답해야 한다. 떠오르는 생각과 간구를 당신 자신의 말로 표현해 보라.

우리를 인도하신 교회에 크고 놀라운 은혜와 능력을 허락하신 당신께 감사드립니다. 서로에 대한 축복, 섬김, 격려, 도움, 응원의 열매가 얼마나 특별한지요. 아버지 당신이 제게 주신 은사와 소명으로 다른 이들을 세우는 일에 신실하게 하소서. 제가 주변의 이웃들을 언제, 어디서, 어떻게 섬길 수 있는지 알려주옵소서. 제가 그러한 기회들을 최대한 활용할 수 있게 하시며, 저를 사용하셔서 다른 이들을 세워 예수 그리스도와 하나 되게 하시며, 모든 축복의 근원이자, 은혜의 원천이 되게 하소서.

06

예배의 찬양

✤ **개요**

비록 예배가 음악 그 이상이긴 하지만, 성경은 음악이 우리가 하나님의 예배를 나타내고, 격려하는 중요한 역할을 할 수 있음을 명확히 한다. 이 장에서 하나님은 그분의 자녀들이 찬양하는 모습을 사랑하시는 다양한 이유들을 살펴볼 것이다.

✤ **주요 진술**

여기서 결정적인 질문은 "내게 목소리가 있느냐?"가 아니라 "내게 찬송이 있느냐?"이다. 그리고 당신이 그리스도의 대속의 사역을 통해 용서받고, 하나님과 화해한 참된 예배자라면, 그 대답은 철저히 '그렇다 yes'일 것이다 (p. 127).

더 이상 당신이 하나님과의 영원한 분리를 두려워할 필요가 없다면,

그리고 죽음이 그저 말할 수 없는 기쁨에 이르는 수단이라면, 또 죄가 정복되었고, 지옥이 무력화 되었으며, 하나님의 오른편에서 끊임없는 기쁨을 얻도록 예수가 당신을 구원하였다면, 당신에게는 찬송할 노래가 있다. 그 노래는 심판도, 질병도, 다툼도, 박해도, 지상의 권세나 지옥에서도 막을 수 없다(p. 130).

❖ 돌아보고 생각 나누기

1 __ 저자는 "하나님은 모든 그리스도인들이 찬양하기를 원하시는가?"를 질문한다. 이 질문에 대해 당신이 생각하는 최선의 답은 무엇인가?

2 __ 저자는 "당신의 목소리도 교회 안에 있는 모든 다른 사람들의 목소리들과 함께 구세주에 의해 구속되었다."고 말한다. 이 구원은 당신이 전심으로 주님을 찬양하는 일에 어떻게 도움이 되는가?

3 __ '구속의 노래' 부분에는 매우 많은 성경구절들이 인용되어 있다. 당신은 왜 하나님이 그분의 말씀 안에서 찬송과 구원사역을 강하게 연결하고 있다고 생각하는가?

4 __ 저자는 "하나님은 그분이 노래하시기 때문에 우리가 찬송하길 바라신다."고 선언한다. 하나님을 노래하시는 분으로 생각할 때 어떤 마음이 드는가? 그 사실은 하나님의 다른 속성들과 어떻게 연결될 수 있는가?

5 __ "무엇을 찬송하는가?"의 초반부에 인용된 에베소서 5장 18~20절과 골로새서 3장 15~17절을 주의 깊게 살펴보라. 이 구절들에서 하나님이 우리에게 요청하시는 일들 가운데 당신이 생각하는 가장 중요한 일은 무엇인가?

6 __ 저자는 우리가 주님을 찬양함으로써 실현되는 여섯 가지 일을 강조한다. 이 여섯 가지 일들 중에 당신의 삶에서 분명히 경험한 것은 어떤 것인가?

7 __ 당신은 성령과 찬양 사이의 관계를 어떻게 요약하겠는가?

8 __ 하나님의 말씀이 찬양에 어떤 방식으로 영향을 미치는지 간략하게 말해보라.

9 __ 교회와 함께 찬양하라는 가르침을 받았던 기억을 떠올려 보라. 당신은 그런 시간을 늘리기 위해 어떤 일을 할 수 있는가?

10 __ 우리의 찬양 속에서 음악과 말씀은 우리를 가르치는 데 어떻게 작용하는가? 음악과 말씀 중 무엇이 더 중요하다고 생각하는가?

11 __ 교회와 함께 찬양할 때 당신은 어떤 감정에 빠지는가?

12 __ 당신이 하나님을 찬양하는 동안 가장 많이 체험하는 감정은 기쁨인가? 찬양할 때 나타나는 그 기쁨을 어떻게 설명하겠는가?

13 __ 주님을 찬양할 때 당신이 가장 즐거워하는 신체적 표현은 어떤 모습인가?

14 __ 저자는 우리가 찬양하면서 신체적인 표현을 하는 것이 성경적으로 적절한지에 대해 네 가지 근거를 제시하였다. 그 이유들 중 당신에게 가장 중요한 것은 무엇인가?

15 __ 당신은 함께 찬양함으로써 그리스도와 그분의 복음 안에서 우리의 연합을 나타낼 수 있다는 사실을 느낀 적이 있는가?

✤ **응답기도**

이 장의 내용이 하나님의 참된 예배자가 되는 일에 좀 더 유익이 되게 하려면, 기도로 하나님께 직접 응답해야 한다. 떠오르는 생각과 간구를 당신 자신의 말로 표현해 보라.

사랑하는 아버지, 매일 제게 찬송할 수 있는 새 노래와 당신의 아들 예수 안에 있는 저의 구속의 노래, 즉 성령의 은사로 감동된 노래를 찬송할 수 있게 하시니 감사합니다. 당신을 점점 더 알아갈수록 당신의 성품과 당신의 임재를 더 많이 숙고하는 삶의 자세와 행함이 있게 하시고, 당신의 목적을 위해 매일 저를 사용하사, 제 영혼을 더욱 유익하게 하시며, 당신을 기쁘시게 하는 찬송을 드리게 하옵소서.

07

더욱 찬양

♣ 개요

우리의 예배음악과 관련하여 성도들이 갖고 있는 회중 찬양에 대한 시각들 중 문제가 되는 몇 가지 질문에 대한 답을 탐구할 것이다.

♣ 주요 진술

회중 찬양이 항상 쉽지만은 않다. 현실은 많은 그리스도인들이 매 주일마다 그리 좋지 않은 경험들을 갖는다(p. 150).

어떤 상황 속에서든, 하나님은 직접 우리가 예수 그리스도를 통해 고백과 찬미와 감사와 축하의 찬송을 드릴 수 있게 하신다.
우리가 만나는 모든 장애물, 주의 산만함, 시련 등을 어둠으로부터 주님의 경이로운 빛으로 우리를 인도하시는 하나님의 탁월하심을 선포할 새로운 기회로 여기게 하옵소서(p. 166).

♣ 돌아보고 생각 나누기

이 장에서 강조되거나 반복되는 질문들에 대한 저자의 답을 요약하고, 각 토론이 얼마나 당신과 관계있는지, 그리고 얼마나 도움이 되는지 설명하라.

1 __ 만일 노래할 수 없다면?

2 __ 만일 찬양하는 것이 즐겁지 않다면?

3 __ 왜 우리는 옛날 곡(혹은 신곡)들을 그토록 많이 노래하는가?

4 __ 찬양하는 내가 마치 위선자처럼 느껴진다면?

5 __ 마음이 흐트러질 때 어떻게 해야 하는가?

6 __ 만일 우리가 찬양하는 곡들이 신학적인 내용 면에서 빈약하다면?

7 __ 간주 중에는 어떻게 해야 하는가?

8 __ 새로 출석하는 교회가 완전히 다른 양식이나 예전을 갖고 있다면?

♣ 응답기도

이 장의 내용이 하나님의 참된 예배자가 되는 일에 좀 더 유익이 되게 하려면, 기도로 하나님께 직접 응답해야 한다. 떠오르는 생각과 간구를 당신 자신의 말로 표현해 보라.

주 하나님, 그리스도 안에서 저를 구원하신 그 은혜가 얼마나 크고 풍성하신지요. 그리스도 안에 있는 형제와 자매들과 더불어 기쁨으로 당신을 찬양하는 것이 저를 더욱 더 자유롭게 하나이다. 관습에 얽매이지 않고, 마음을 다하여 영원한 노래로 당신을 찬송케 하옵소서.

08

하나님의 임재

✣ 개요

믿는 자들은 너무나 자주 하나님이 멀리 계시거나 함께하시지 않는다고 느낀다. 하지만 우리는 성령을 통하여 하나님의 임재를 실제로 체험할 수 있다. 우리는 하나님 말씀이 충분하다고 계속 감사하는 반면, 얼마나 하나님의 임재를 체험하고자 하는 열망을 키우는가? 우리는 어떤 종류의 하나님과의 만남을 기대해야 하는가? 심지어 하나님을 만나고 체험하는 일에 대해 얘기하는 것조차 너무 주제 넘는 일이라고 생각하는 것은 아닌가? 이러한 질문에 도움이 되도록 이 장에서는 하나님의 임재를 어떻게 생각하며, 또 그분의 임재를 추구하는 일에 필요한 자세는 어떠해야 할지에 대하여 성경에서 말하고 있는 네 가지 방식을 탐구할 것이다.

♣ 주요 진술

성경이 우리의 경건한 삶에 필요한 모든 것을 제공하기에 충분하다고 말할 수는 없다. 왜냐하면 하나님의 임재와 능력은 성경에 국한되어 있지 않기 때문이다. 성경은 가까이에 계시고, 역사하고 계시며, 임재하시며, 우리와 함께하시는 하나님을 증거할 뿐이다. 하나님은 인격적이시다. 하나님은 우리가 정신적으로, 정서적으로, 심지어 경우에 따라서는 육체적으로 체험할 수 있다 (p. 168).

우리를 하나님의 백성으로 구별하시는 하나님의 임재에 대해 우리가 응답해야 함을 말하는 것은 결코 지나친 것이 아니다. 하나님께 속한 자들은 그분의 임재를 소중히 여기고 추구할 것이다 (p. 173).

♣ 돌아보고 생각 나누기

1 __ 저자는 "내가 놀라워하는 사실은 아주 많은 사람이 하나님을 알고, 예배하는 일과 관련해 마치 전기의 주인공에게 하는 것처럼 하나님께 다가간다는 것이다. 과거에 그분이 행하신 일은 알지만, 현재에 임하신다고는 생각지 않는다. 하나님을 찬송하지만, 실제로 그분과 함께한다고는 기대하지 않는다."(p. 168)고 하였다. 이러한 설명을 좀 더 이어가기 위해 이와 겨룰 만한 당신의 기대는 무엇인가?

2 _ 저자는 '우리의 예배는 단지 하나님에 관한 것만은 아니라, 하나님이 함께하시는 것'이라고 하였다. 당신이 교회에서 하나님을 예배하면서 하나님으로부터 기대하는 인격적인 함께하심은 어떤 것인가? 당신의 일상생활 속에서 기대하는 하나님의 함께하심은 무엇인가?

3 _ '성령과 하나님의 임재'에서 제시된 질문에 당신은 어떻게 답할 것인가?

- 당신은 하나님이 지금 우리와 함께하신다는 사실을 어떻게 알 수 있는가?

- 당신은 얼마나 자주 교회 안에서 다른 이들과 함께하며, 심지어 하나님이 거기에 계시는지 의아해하는가? 우리는 하나님이 그곳에 계시다는 어떤 증거를 기대하는가? 그렇다면 그 증거는 무엇이라 생각하는가?

- 참된 예배자가 하나님을 만난다면, 그 만남을 돕거나 방해할 우리의 행동은 무엇인가?

4 _ 저자는 편재하심이 성경이 하나님의 임재를 설명하는 한 가지 방식이라고 하였다. 이 사실은 우리의 삶에 어떤 실질적이고, 체험적인 변화를 만들 수 있는가?

5 __ 하나님이 우리에게 그의 임재를 약속하신 성경구절들을 살펴 보라. 그런 성경의 약속들 가운데 당신에게 가장 의미 있는 것은 무엇인가?

6 __ 우리가 하나님의 임재를 구하고자 할 때, 항상 우리를 대신하신 예수 그리스도의 죽음과 부활을 염두에 두는 것이 왜 중요한가?

7 __ 저자는 "우리는 하나님의 약속하신 임재를 체험하는 것과 임재에 참여하는 것, 그리고 단순히 창의적인 편곡이나 놀랄 만큼 훌륭한 가창 연주, 대규모의 합창이나 아름다운 멜로디로 인해 감동을 받는 것의 차이를 어떻게 말할 수 있는가?"라고 묻는다. 이에 대한 저자의 답변을 당신의 말로 어떻게 표현하겠는가?

8 __ "우리는 하나님이 우리와 함께하신다는 믿음을 넘어서 그와 만나기를 소망해야 하는가?" 이 질문에 대한 저자의 답을 당신의 말로 다시 이야기해 보라.

9 __ 저자는 하나님의 임재를 추구함에 있어 우리에게 도움이 되는 세 가지 태도를 강조한다. 즉 철저한 의존, 간절한 기대, 겸손한 응답이 그것이다. 하나님은 당신의 내적 삶 속에 이러한 세 가지 태도 모두를 어떻게 세우기 시작하셨는가?

10 __ 교회를 위한 당신의 기도가 어떻게 하면 하나님에 대한 당신의 철저한 의존을 반영할 수 있는가?

11 __ 저자는 "우리는 우리 안에, 그리고 우리들 가운데 거하시는 크신 하나님에게서 위대한 일을 기대할 수 있다."고 하였다. 하나님을 예배하는 것과 관련하여 교회에서 당신이 기대하고 있고, 또 기도하고 있는 위대한 일은 무엇인가?

12 __ 저자가 설명하는 '겸손한 응답'이란 어떤 것인가?

13 __ '겸손한 응답'의 말미에서 저자는 "하나님의 임재를 경험하는

것이 중요하지만, 하나님과 우리의 관계의 핵심은 아니다."라고 하였다. 저자의 설명과 그가 인용한 글에 따르면 그 관계의 핵심은 무엇인가?

✤ **응답기도**

이 장의 내용이 하나님의 참된 예배자가 되는 일에 좀 더 유익이 되게 하려면, 기도로 하나님께 직접 응답해야 한다. 떠오르는 생각과 간구를 당신 자신의 말로 표현해 보라.

주 하나님, 당신은 우리가 예배로 모일 때 참으로 당신의 백성들과 함께하십니다. 당신의 임재를 우리에게 나타내소서. 우리의 힘으로는 감히 그토록 위대한 당신의 임재를 구할 수 없음을 인정합니다. 하지만 당신은 항상 함께하시겠다고 약속한 사람들에게 그리스도를 통하여 성령을 부으셨습니다. 아버지, 당신이 우리와 함께 계심을 더욱 가까이, 더욱 분명하게 알게 하옵소서. 우리에게는 당신의 임재가 절대적으로 필요하고, 당신의 임재를 간절히 기대하며, 당신의 임재에 대해 겸손히 응답해야 함을 깨닫게 하옵소서. 그리고 그 모든 결과로 우리의 마음과 삶을 다하여 당신의 이름이 영광을 받으시도록 예수께 헌신하게 하옵소서.

09

새하늘과 새땅에서의 예배

♣ **개요**

도래하는 시대, 즉 천국에서의 예배는 과연 어떨까? 천국의 예배는 많은 면에서 지상의 예배와 유사할 것이다. 그러나 또한 중대한 차이들도 존재한다. 이 장에서 우리는 그러한 차이점들을 살펴보고, 또한 천국에서 있을 우리의 미래의 예배에 반영할 수 있으며, 현재의 우리를 변화시킬 수 있는 구체적인 방법들을 확인할 것이다.

♣ **주요 진술**

이 세상에서의 예배 모임은 다가올 것의 장엄함에 절대 비교할 수 없다(p. 191).

천국과 모든 것을 우리에게 허락하신 구주에 대한 흔들리지 않고, 중단되지 않는 믿음을 떠올릴 때 우리 마음을 채우는 경외심, 동경, 기쁨 등을 말로 다 표현할 수 없다(p. 208).

♣ 돌아보고 생각 나누기

1 __ 이 장은 천국에 대한 당신의 이해를 얼마나 깊이 있게 만드는가?

2 __ 저자는 "천국은 어떠할까?"에서 '천국의 가장 멋진 부분'을 언급하였다. 당신은 이에 대한 그의 설명에 전적으로 동의하는가?

3 __ '같지만 다른 점들'에서 저자는 천국의 예배와 지상의 예배 사이 있는 중대한 차이점들을 다섯 가지로 분류하였다. 이들 차이점들 가운데 당신이 경험하기를 가장 고대하는 것은 무엇인가?

4 __ 당신이 그것들을 실제로 경험하기 전에, 그러한 차이점들을 완전히 이해하는 데 지금 당장 중요한 것은 무엇인가?

5 __ 저자는 "무엇이 달라지는가?"에서 "특별히 세 가지 면에서 천국

의 예배에 대한 성찰이 우리에게 유익과 변화를 가져다준다."고 하였다. 당신은 그 세 가지 영역에서 각각 도움과 변화에 대한 당신의 개인적인 필요성을 어떻게 평가할 것인가?

6 __ 저자는 '참된 예배를 위한 우주적 싸움'을 언급하였다. 이 싸움에는 어떤 것이 포함되었으며, 당신은 어떻게 이 싸움에 참여하고, 이것은 당신에게 얼마나 중요한가?

7 __ 천국의 영감을 받은 예배와 우리의 거룩함의 성장은 어떤 관계가 있는가?

8 __ 당신은 어떤 확신을 가지고 미래 직면할 고통을 예상하는가? 천국의 예배에 대한 당신의 이해는 이것을 대비하는 데 어떤 도움을 줄 수 있는가?

9 __ 천국에서 하나님과 연합하는 일에 대한 당신의 진심어리고, 간절한 기대를 표현하기 위해 하나님께 드릴 수 있는 감사의 말은

무엇인가?

10 __ 당신의 이해를 심화시킨 이 책을 읽고 나서, 참된 예배자가 되는 것이 의미하는 바를 이루기 위한 가장 중요한 방법은 무엇이라고 생각하는가?

♣ **응답기도**

이 장의 내용이 하나님의 참된 예배자가 되는 일에 좀 더 유익이 되게 하려면, 기도로 하나님께 직접 응답해야 한다. 떠오르는 생각과 간구를 당신 자신의 말로 표현해 보라.

그리스도를 믿은 모든 사람이 당신의 직접적인 임재 속에 있게 될 날이 임하고 있음에 감사합니다. 그날에 우리는 당신처럼 될 것이며, 당신의 얼굴을 대면하여 볼 것입니다. 영원히 당신의 자녀로 삼으시사, 당신의 완전한 빛 가운데서 예배하고, 당신과 더불어 영원히 다스리게 하신 그 사랑이 얼마나 놀라운지요. 우리를 어둠의 권세로부터 구원하시고, 당신의 사랑하는 아들의 왕국으로 인도하신 전능하신 하나님께 찬송과 감사를 드립니다. 우리는 당신의 구원하심과 죄 용서하심을 받았으니, 오, 주여! 나라와 권세와 영광이 당신께 영원히 있사옵나이다. 아멘.

1. 어떤 예배자인가?

1. 내가 찾은 책 중 가장 도움이 되는 책은 다음과 같다. David Peterson, *Engaging with God: A Biblical Theology of Worship* (Grand Rapids, MI: Eerd mans, 1992); Vaughan Roberts, *True Worship* (Waynesboro, GA: Authentic Media, 2002); D. A. Carson, 편집, *Worship by the Book* (Grand Rapids, MI: Zondervan, 2002); Bryan Chapell, *Christ-Centered Worship: Letting the Gospel Shape Our Practice* (Grand Rapids, MI: Baker Academic, 2009); Harold Best, *Unceasing Worship: Biblical Perspectives on Worship and the Arts* (Downers Grove, IL: Inter Varsity Press, 2003); 그리고 Mike Cosper, *Rhythms of Grace: How the Church's Worship Tells the Story of the Gospel* (Wheaton, IL: Crossway, 2013).
2. *Calvin's Commentaries, vol. 5*, James Anderson 번역 (Grand Rapids: Baker, 1996) 안에 있는 John Calvin, *Commentary on the Book of Psalms* (vol. 2), Ps. 52:8에서.
3. 이탤릭체로 강조한 것은 요한복음 4장 7-23절에서 발췌한 것이다.
4. Carson, *Worship by the Book*, 37.

2. 은혜로 담대하게 예배함

1. Michael Reeves, *Delighting in the Trinity: An Introduction to the Christian Faith* (Downers Grove, IL: Inter Varsity Press, 2012). 이 책은 하나님의 삼위일체 관계와 우리에게 어떤 영향을 끼치는지 탐색하는 삼위일체에 관한 놀라운 서론이다.
2. D. A. Carson, 편집, *Worship by the Book* (Grand Rapids, MI: Zondervan, 2002), 34.
3. Horatio G. Spafford, '내 평생에 가는 길(It Is Well with My Soul)' (1873).
4. Derek Kidner, *Psalms 73-150*, Tyndale Old Testament Commentaries (Downers Grove, IL: Inter Varsity Press, 1975), 401.
5. Vaughan Roberts, *True Worship* (Waynesboro, GA: Authentic Media, 2002), 16.
6. John Stott, *The Contemporary Christian: Applying God's Word to Today's World* (Downers Grove, IL: Inter Varsity Press, 1995), 174.
7. Timothy Ward, *Words of Life: Scripture as the Living and Active Word of God* (Downers Grove, IL: Inter Varsity Press, 2009), 32.

8. Michael Horton, *A Better Way: Rediscovering the Drama of Christ-Centered Worship* (Grand Rapids, MI: Baker, 2002), 26.
9. 성경과 함께 사용하기 좋은 책으로 다음의 몇 책을 추천한다. *ESV Study Bible*, Wayne Grudem 등 편집 (Wheaton, IL: Crossway, 2008); Wayne Grudem, *Systematic Theology: An Introduction to Biblical Doctrine* (Grand Rapids, MI: Zondervan, 1995); J. I. Packer, *Knowing God (Downers Grove, IL: Inter Varsity Press, 1973); D. A. Carson, For the Love of God: A Daily Companion for Discovering the Riches of God's Word*, 2 vols. (Wheaton, IL: Crossway, 1998, 2006); J. I. Packer, *Concise Theology: A Guide to Historic Christian Beliefs* (Wheaton, IL: Tyndale House, 1993); Michael Reeves, *Delighting in the Trinity: An Introduction to the Christian Faith* (Downers Grove, IL: Inter Varsity Press, 2012); Kevin DeYoung, *Taking God at His Word: Why the Bible Is Knowable, Necessary, and Enough, and What That Means for You and Me* (Wheaton, IL: Crossway, 2014); Vaughan Roberts, *God's Big Picture: Tracing the Storyline of the Bible* (Dow ners Grove, IL: Inter Varsity Press, 2002); John Piper, *Desiring God: Meditations of a Christian Hedonist*, 개정판. 편집. (Colorado Springs: Multnomah, 2011) 등.
10. Charles Spurgeon, sermon 542, on 2 Tim. 4:13, http://www.spurgeon.org /sermons/0542.htm.

3. 자신은 낮추고, 그분은 높임

1. Matt Papa, 'Look & Live (Worship or Die),' http:// www.mattpapa.com/2013/10 /look-live-worship-or-die/.
2. David Peterson, *Worship: Adoration and Action*, 편집. D. A. Carson (Grand Rapids, MI: Baker, 1993), 52.
3. 성경에서 예배(worship) 단어를 보다 풍성하게 다루기 위해 David Peterson, *Engaging with God: A Biblical Theology of Worship*의 2장 'Honouring, Serving and Respecting God' (Grand Rapids, MI: Eerdmans, 1992)을 보라.
4. 욥이 자신의 고통 중에 하나님을 어떻게 영화롭게 했는지에 대한 심도 있는 토론을 위해 Tim Keller, *Walking with God through Pain and Suffering* 14장 'Praying' (New York: Dutton, 2013)을 보라.
5. *The Valley of Vision*, 편집, Arthur Bennett의 'The Awakened Sinner'의 현대화된 언어로 된 기도 (Edinburgh: Banner of Truth, 1975), 36로부터.
6. 대상 16:8; 시 30:4; 97:12; 100:4; 136:1~3; 골 3:17; 살전 5:18.
7. 'Already and not yet'은 신학자 조지 엘든 래드(George Eldon Ladd, 1911-1982)가 원래 대중화시킨 구절이다.

8. 나는 Bob Kauflin, *Worship Matters: Leading Others to Encounter the Greatness of God* (Wheaton, IL: Crossway, 2008) 8장 'Magnifies the Greatness of God'에서 더 풍성하게 worthiness라는 단어(Word)와 작용(work)의 카테고리를 논하고 있다.
9. 예수님이 우리를 섬기고 은혜의 능력을 입어 섬기도록 동기부여하는 다양한 방법을 탐구하는 훌륭한 책은 John Hindley, *Serving without Sinking: How to Serve Christ and Keep Your Joy* (Purcellville, VA: Good Book, 2013)이다.

4. 모여 예배함

1. Iain M. Duguid, 'Old Testament Worship Theology,' course syllabus, Grove City College, 14.
2. Bryan Chapell, *Christ-Centered Worship: Letting the Gospel Shape Our Practice* (Grand Rapids, MI: Baker Academic, 2009), 120.
3. 출 20:2; 신 4:34; 느 9:9; 시 78:51; 81:10; 105:23, 37; 135:8; 렘 32:20.
4. Duguid, 'Old Testament Worship Theology,' 73.
5. Mark Dever, *The Church: The Gospel Made Visible* (Nashville, TN: B&H Academic, 2012), xi.
6. Donald Whitney, *Spiritual Disciplines within the Church: Participating Fully in the Body of Christ* (Chicago: Moody, 1996), 77.

5. 다른 이들을 세우는 예배

1. Bryan Chapell, *Christ-Centered Worship: Letting the Gospel Shape Our Practice* (Grand Rapids, MI: Baker Academic, 2009), 119.
2. 이런 항목들(headings)에 대한 아이디어는 내 친구 제프 퍼스웰(Jeff Purswell)이 2012년 the Together for the Gospel 콘퍼런스에서 한 'The Pastor and the Spirit' 메시지에 기인한다.
3. David Prior, *The Message of 1 Corinthians: Life in the Local Church* (Downers Grove, IL: Inter Varsity Press, 1985), 214.
4. David Garland, *1 Corinthians, Baker Exegetical Commentary on the New Testament* (Grand Rapids, MI: Baker, 2003), 596.

6. 예배의 찬양

1. Harold Best, *Unceasing Worship: Biblical Perspectives on Worship and the Arts* (Down-

ers Grove, IL: Inter Varsity Press, 2003), 144-45.
2. C. S. Lewis, 'On Church Music,' in Lewis, *Christian Reflections*, 편집. Walter Hooper (Grand Rapids, MI: Eerd mans, 1995), 96.
3. Everett Ferguson, *The Church of Christ: A Biblical Ecclesiology for Today* (Grand Rapids, MI: Eerd mans, 1997), 269.
4. Oliver W. Sacks, *Musicophilia: Takes of Music and the Brain* (New York: Knopf, 2007), 237.
5. 이런 멜로디들은 Reginald Heber, '거룩 거룩 거룩(Holy, Holy, Holy)' (1826), Matt and Beth Redman, '주 이름 찬양(Blessed Be Your Name)' (2005), Charitie Lees Bancroft, '하나님 보좌 앞에서(Before the Throne of God Above)' (1863), 그리고 '내 맘의 주여 소망되소서(Be Thou My Vision),' 번역. Eleanor Hull (1912)에서 가져왔다.
6. Douglas Moo, 'Informed Worship,' *Tabletalk*, October 2002.
7. John Piper, 'Singing and Making Melody to the Lord' 설교에서, desiringGod 블로그, December 28, 1997, http://www.desiringgod.org/sermons/singing-and-making-melody?to-the.lord.
8. Isaac Watts, 'Toward the Improvement of Psalmody,' in *The Works of the Rev. Isaac Watts, D.D., 9 vols.* (London, 1813), 9:30.
9. 또 대상 16:33; 욥 29:13; 시 63:7; 사 12:6; 렘 51:48을 보라.
10. John R. W. Stott, *The Living Church: Convictions of a Lifelong Pastor* (Downers Grove, IL: Inter Varsity Press, 2007), 37.
11. John Calvin, *Commentary on the Acts of the Apostles* (vol. 2) in *Calvin's Commentaries, vol. 19*, 번역. Henry Beveridge (Grand Rapids: Baker, 1996) 행 20:36에서.

7. 더욱 찬양

1. Jonathan Edwards, *A Treatise concerning Religious Affections* (Boston: Kneeland and Green, 1746), part 1, sec. 2 ("… that true religion … consists in the affections'), point 9.
2. Isaac Watts, *A Guide to Prayer* (Carlisle, PA: Banner of Truth, 2001), 28.

8. 하나님의 임재

1. Robert Rayburn, *O Come Let Us Worship* (Grand Rapids, MI: Baker, 1980), 22.
2. J. I. Packer, *Keep in Step with the Spirit* (Old Tappan, NJ: Revell, 1984), 47, 49.

3. Wayne Grudem, *Systematic Theology: An Introduction to Biblical Doctrine* (Grand Rapids, MI: Zondervan, 1995), 641.
4. D. A. Carson, *Worship by the Book*, 편집. D. A. Carson 1장 'Worship under the Word' (Grand Rapids, MI: Zondervan, 2002), 50-51.
5. Harold M. Best, *Music through the Eyes of Faith* (New York: HarperOne, 1993), 153.
6. Graham Harrison, 'Worship and the Presence of God,' Banner of Truth 블로그, 2002년 4월 19일, http://banneroftruth.org/us/resources/articles/2002/worship-and-the-presence-of-god.
7. Andreas J. Köstenberger, *Excellence: The Character of God and the Pursuit of Scholarly Virtue* (Wheaton, IL: Crossway, 2011), Kindle locations 348-50.
8. D. A. Carson, *Showing the Spirit: A Theological Exposition of 1 Corinthians 12-14* (Grand Rapids, MI: Baker, 1987), 188.

9. 새하늘과 새땅에서의 예배

1. C. S. Lewis, *The Last Battle, The Chronicles of Narnia* (New York: HarperCollins, 1994), 228.
2. Wayne Grudem, *Systematic Theology: An Introduction to Biblical Doctrine* (Grand Rapids, MI: Zondervan, 1995), 176.
3. David Powlison, 'Who Is God?,' *The Journal of Biblical Counseling 17*, no. 2 (1999): 23.
4. David Peterson, *Engaging with God: A Biblical Theology of Worship* (Grand Rapids, MI: Eerdmans, 1992), 265.
5. Noel Due, *Created for Worship: From Genesis to Revelation to You* (Fearn, Ross-shire, UK: Christian Focus, 2005), 238.

성경 색인

창세기 Genesis
2:18　　93
12:2　　44
15:5　　44

출애굽기 Exodus
2:22　　174
3:2　　179
3:14　　44
6:7　　45
14:30　　128
15　　128
15:1-2　　128
19:5-6　　93
19:6　　93
19:7　　97
20:2　　258
29:42-45　　179
33:14-16　　172

신명기 Deuteronomy
4:34　　255
31:21　　136

사무엘상 1 Samuel
16:23　　152

열왕기상 1 Kings
22:29-38　　83

열왕기하 2 Kings
23:1-3　　97

역대상 1 Chronicles
9:33　　129
15:19-22　　129
16:8　　257
16:33　　259
29:11　　67

느헤미야 Nehemiah
8:1　　97
9:9　　257

욥기 Job
1:21　　71
21:12　　152
29:13　　259
30:31　　152
42:2　　75

시편 Psalms
13:1　　78
13:6　　153
14:1　　70
16:2　　158
19:1　　81
19:7-8　　181
19:7-10　　81
22　　132
30:4　　110
30:12　　77
33:1　　143
33:8　　143
34:1　　158
34:1-3　　64
34:3　　101
34:5　　143
35:18　　104
42　　78
42:5　　154
42:5-6　　76
42:11　　76, 154
43　　75
43:5　　76
44:8　　77
47:1　　143
47:6　　131
52:8
52:9　　77, 129
56:4　　83
57:9　　87
62:8　　76
63:7　　259
71:14　　149
73:25　　157
75:9　　158
78:51　　258
79:13　　77
81:10　　258
90:13　　78
95:6　　143
96:1　　129
96:1-2　　129
97:9　　67
97:12　　257
99:2　　67
100:4　　257

105:2	83	에스겔 Ezekiel		사도행전 Acts	
105:4	37, 173	48:35	172	2:42	93
105:23	258			2:46	93
105:37	258	스바냐 Zephaniah		4:28	179
106:1	82	3:17	132	4:30	180
106:10	182			4:31	179
108:1-2	145	마태복음 Matthew		4:32	72
108:5	67	4:8-10	201	5:15	179
111:1	92	5:45	74	5:41-42	93
112:1	82	11:17	153	9:31	170
119:18	60	11:27	41	16:6	188
119:33	158	12:34	84	16:25	129
134:2	143	26:30	132	17:28	71
135:8	258			20:28	97
136:1-3	257	마가복음 Mark		20:29-30	57
139:7-10	174	12:30	72	20:36	144
145:3	60	12:31	73	21:9	188
145:7	103			21:11	188
145:8-9	83	누가복음 Luke			
149:3	143	4:16	132	로마서 Romans	
150:1-2	83	17:10	67	1:21	71
150:3-5	143	22:27	123	3:23	48
				6:23	48
잠언 Proverbs		요한복음 John		8:15	169
3:5	74	3:5	169	8:21	193
23:24	11	4:7-23	161n3	8:26	182
		4:23	25	8:29	86
이사야 Isaiah		4:24	36	8:32	123
2:17-18	202	4:29	88	8:34	123
12:6	259	7:38-39	36	8:38-39	96
42:10	129	13:3-5	86	11:23-26	95
52:9	129	13:34-35	101	11:33	60
54:5	45	14:15	79	11:35-36	106
		15:5	67	11:36	72
예레미야 Jeremiah		15:15	67, 86	12:1	69
31:33	159	15:26	170	12:10	123
32:20	258	16:7-9	169	12:16	146
51:48	259	16:14	169	14:22	199
		17:5	42	15:5	146
		17:24	42	15:7	123

고린도전서 1 Corinthians		고린도후서 2 Corinthians		2:6-8	86
1:31	209	3:18	108, 135, 170	2:13	86
2:4	174	4:18	193	3:3	59
2:12	62	5:7	199		
3:9	93	6:16	93	골로새서 Colossians	
3:16	93	8:9	81	2:6-7	122
3:21-23	74	11:13	57	3	137
4:7	40	12:9	183	3:14	146
6:19	172			3:15	147
10:16-17	102	갈라디아서 Galatians		3:15-17	133
10:31	79	5:13	80	3:16	110, 125
11:17	104	6:4	169		129, 140, 142
11:26	207	6:14	96	3:17	253
11:27-32	175			3:18-4:1	80
12:14	112	에베소서 Ephesians			
12:1-7	184	1:3	74	데살로니가전서 1	
12:4	170	1:7	96	Thessalonians	
12:4-6	113	1:19	60	1:9	158
12:4-7	99	2:6	190	4:7	84
12:7	112	2:7	197	5:17	182
12:15	113	2:10	89	5:18	133
12:16	114	2:19-21	100	5:19~21	188
12:18	114	2:19-22	94		
12:21	115	3:10	103	데살로니가후서 2	
13	116	3:19	196	Thessalonians	
14	111	3:20	108	2:16-17	123
14:1	112	4:1-2	74		
14:3	187	4:11-12	97	디모데전서 1 Timothy	
14:6-11	120	4:16	106	2:8	144
14:12	112	4:29-30	84	3:2	97
14:24-25	167	5:2	74	5:17	97
14:25	144	5:4	84	6:8	84
14:26	109	5:18	133	6:16	42
14:29-32	188	5:18-20	133		
15:1-4	96	5:19	132, 137	디모데후서 2 Timothy	
15:3-4	22	5:22-6:9	80	3:12	205
15:10	86	6:18	182	3:16	59
15:24-28	198			4:2	97
16:13	199	빌립보서 Philippians		4:8	207
		2:3	148		

4:13	257	1:14-16	80	5:9-10	194
		2:4~5	161	5:11	204
디도서 Titus		2:9	94	5:12	148
2:13	78	2:9-10	37, 106	5:13	204
3:2	84	2:11	181	6:10	78
3:4-5	51	2:11-12	107	7:11	198
		2:18-3:7	80	7:13-14	203
히브리서 Hebrews		2:24	51	11:5	205
2:12	132	4:10	85, 99	11:7	200
3:6	67	5:5	188	16:4-7	148
4:12	55	5:7	75	17:5	200
4:13	174	5:8	181	19:1-3	198
9:24	195			19:1-5	198
10:19-22	62	베드로후서 2 Peter		19:2	200
10:24	98	1:4	181	19:7	67
10:25	90	1:5-8	88	19:11	203
11:1	199	3:13	78, 193	19:16	205
11:4	44			20:2	200
11:6	74, 199	요한일서 1 John		21:3	198
11:10	193	2:15-17	181	21:4	193
11:16	193	3:1	67, 123	21:9	86
12:22-24	190	3:2-3	153	21:22	189
13:5	75	3:16	120	22:3	31
13:17	97	4:20	73	22:3-5	191
				22:4-5	173
야고보서 James		유다서 Jude		22:5	194
1:17	76	20	182	22:16	205
2:3	84				
		요한계시록 Revelation			
베드로전서 1 Peter		4:10	198		
1:4	155	4:11	67		
1:13	28, 193	5:9	130, 195, 205		

일반 색인

A~Z
C. J. 매허니(Mahaney, C. J.) 22
C. S. 루이스(Lewis, C. S.) 16
D. A. 카슨(Carson, D. A.) 20

ㄱ
가인과 아벨(Cain and Abel) 44
감사에 대한 응답 197
감정주의 141
개인주의 112
계시와 예배 52
고통 중에 확신 175
교리와 헌신 141
굴복 202
권면 125
그리스도 연합 102
기쁨으로 순종 189

ㄴ~ㅁ
내세 28
더글라스 무(Moo, Douglas) 139
데이비드 파울리슨(Powlison, David) 197
데이비드 페터슨(Peterson, David) 20, 201
도널드 윗트니(Whitney, Donald) 103
로버트 로빈슨(Robinson, Robert) 95
마이클 호튼(Horton, Michael) 58
마지막 잔치 208
마크 디버(Dever, Mark) 101

모세 44, 46, 136, 172
무신론자 28
믿음 199

ㅂ~ㅅ
바벨탑(Babel, Tower of) 44
박해 205
벤 칸텔론(Cantelon, Ben) 14
보건 로버츠(Roberts, Vaughan) 53
분노 억제 81
분별력 134
불확실성 142
사마리아 여인 32-39, 88
새 예루살렘 196
설교를 통해 하나님을 노래 103
성경을 무시 181
성적 부도덕 64
세례 102
순교 117, 204, 205
시민권 207
신비주의 176

ㅇ
아담과 이브(Adam and Eve) 42
아브라함(Abraham) 44
아이작 왓츠(Watts, Isaac) 142, 158
알렉산더 해밀턴(Hamilton, Alexander) 167
알츠하이머 138

알코올 134
연민 115
열망과 실현 199
영생 49
영원 199
예배에 기대 195
예배에 있어서의 산만함 150
예수 축제 25
올리버 색스(Sacks, Oliver) 136
용서의 확신 96
우상숭배 32, 37
웨인 그루뎀(Grudem, Wayne) 171
율법주의 79
은혜의 수단 110
음주 운전 133
의심 142
이미와 아직 77

ㅈ~ㅎ
장 칼뱅(Calvin, John) 21, 28
전도 38, 87, 196

조나단 에드워즈 153
존 스토트(Stott, John) 54, 143
존 파이퍼(Piper, John) 20, 140
존재의 목적 212
죄의 고백 84
주 안에서 연약함 182
주님 자랑 186
증인 136
창조의 하나님 83
철저한 의존 180
팀 휴즈(Hughes, Tim) 141
평안에 대한 깊은 깨달음 182
평화와 기쁨 208
하나님과 교제 103
하나님을 경배 96
하나님의 선하심 42
하나님의 얼굴 194
하나님의 임재에 응답 173
행함으로 하나님을 찬양 79
헌신을 표현하는 가사로 가득한 곡 157
헤럴드 베스트(Best, Harold) 16, 20, 127
홍해 128